邪馬台国は九州にあった

◉一支国放射状方式による解読法

中村隆之
Nakamura Takayuki

海鳥社

はしがき

邪馬台国《やまたいこく》の所在が確定できない最大の理由は何か。『魏志《ぎし》』倭人伝《わじんでん》そのものに、「必要な情報が記載されていない」からではないか。そのような理由を考えている著名な学者も少なくない。

しかし、編纂された当時から邪馬台国の位置もわからないような情報不足の欠陥品を陳寿《ちんじゅ》が編纂したとは到底思えない。

必要な情報が与えられなければ、今の人が特定の場所にたどりつけないのは道理である。したがって、どこかにその必要な情報が記載されているかもしれないと疑うべきである。

その必要な情報が見えない理由は、『魏志』倭人伝の文体が簡潔すぎたためであろうと私は思う。簡潔であることは評価できる点でもあるが、簡潔すぎてわからなくなったとも言えるのだ。

また、三世紀の編纂当時、あるいは五世紀の裴松之《はいしょうし》の時代でさえ、この『三国志《さんごくし》』の歴史的史料の評価は高いようだ。このころでさえ、位置の特定ができないような記載内容であったとは思えない。六二二年に完成した『隋書』においてさえ、その編纂当時の倭国の都が邪摩堆《やまたい》にあって、その位置は昔の邪馬台国の中にあった倭国の都と同一の位置にあると特定されている。

それがどうして、年代がはるかに隔てられた現在、その位置がわかりにくくなっているのか。

その第二の理由が、「倭国およびその周辺諸国の情勢変化（領域の変化を含む）」がある。朝鮮・濊狛《わいばく》族などが中国の遼寧省および吉林省地区から朝鮮半島中部地区へ民族移動して、倭人との混在によって韓族（馬韓、辰韓、弁韓）が誕生したことによる変化、さらにその後、朝鮮半島中南部地区で百済・新羅・大駕羅《おおから》の統治領域の変化も関係しているのであろう。

私は、位置の特定を困難にする原因は、『魏志』倭人伝の文体が簡潔すぎること、倭国および周辺諸国の情勢変化、この二つの理由が微妙に関係していると思っている。

またその他の理由に、編纂当時誤字脱字がなかったとしても、「写本の過程で、誤字脱字が発生した」ため、わかりにくさを助長したとも言える。

このような理由で位置がわかりにくくなったと言えるけれども、必要な情報が消えたわけではない。その情報は眠っているだけで、揺り起こすこともできると思っている。

情報がそろえば、邪馬台国の位置は確定できるのである。少なくとも、邪馬台国が大和にあったのか、九州にあったのかの確定はできるものと確信している。

この本では、邪馬台国、女王国、倭国および東夷諸国の位置の比定に重点を置いた。

位置の比定が確定的なものになればなるほど、その成果は歴史上の時期、場所、人物、出来事を鮮明に蘇らせる効果を内包しているため、『日本書紀』との関連も含めて、その一端をつけ加えて述べることにした。

『魏志』倭人伝の読み下し文【抜粋】

＊石原道博編訳『新訂 魏志倭人伝・後漢書倭伝・宋書倭国伝・隋書倭国伝』（岩波文庫、一九八八年）の中の訳注『三国志・魏志』巻三〇東夷伝・倭人（『魏志』倭人伝）の内容のうち、位置比定に関係する部分を抜粋した。

倭人は帯方の東南大海の中にあり、山島に依りて国邑をなす。旧《もと》百余国。漢の時朝見する者あり、今、使訳通ずる所三十国。

郡より倭に至るには、海岸に循《したが》って水行し、韓国を歴《へ》て、乍《あるい》は南し乍は東し、その北岸狗邪韓国に到る七千余里。始めて一海を度《わた》る千余里、対馬国に至る。その大官を卑狗といい、副を卑奴《ひな》母離《もり》という。居る所絶島、方四百余里ばかり。土地は山険しく、深林多く、道路は禽鹿の径の如し。千余戸あり。良田なく、海物を食して自活し、船に乗りて南北に市糴《してき》す。また南一海を渡る千余里、名づけて瀚海《かんかい》という。一大国に至る。官をまた卑狗といい、副を卑奴母離という。方三百里ばかり。竹木・叢林多く、三千ばかりの家あり。やや田地あり、田を耕せどもなお食するに足らず、また南北に市糴す。

また一海を渡る千余里、末盧国に至る。四千余戸あり。山海に浜《そ》うて居る。草木茂盛し、行くに前人を見ず。好んで魚鰒《ぎょふく》を捕え、水深浅となく、皆沈没してこれを取る。東南陸行五百里にして、伊都国に到る。官を爾支といい、副を泄謨觚・柄渠觚という。千余戸あり。世々王あるも、皆女王国に統属す。郡使の往来常に駐《とど》まる所なり。東南奴国に至る百里。官を兕馬觚といい、副を卑奴母離という。二万余戸あり。東行不弥国に至る百里。官を多模といい、副を卑奴母離という。千余家あり。

南、投馬国に至る水行二十日。官を弥弥といい、副を弥弥那利という。五万余戸ばかり。南、邪馬壱（台）国に至る、女王の都する所、水行十日陸行一月。官に伊支馬あり、次を弥馬升といい、次を弥馬獲支といい、次を奴佳鞮という。七万余戸ばかり。女王国より以北、その戸数・道里は得て略載すべきも、その余の旁国は遠絶にして得て詳かにすべからず。

次に斯馬国あり、次に己百支国あり、次に伊邪国あり、次に都〔郡〕支国あり、次に弥奴国あり、次に好古都国あり、次に不呼国あり、次に姐奴国あり、次に対蘇国あり、次に蘇奴国あり、次に呼邑国あり、次に華奴蘇奴国あり、次に鬼国あり、次に為吾国あり、次に鬼奴国あり、次に邪馬国あり、次に躬臣国あり、次に巴利国あり、次に支惟国あり、次に烏奴国あり、次に奴国あり。これ女王の境界の尽くる所なり。

その南に狗奴国あり、男子を王となす。その官に狗古智卑狗あり。女王に属せず。郡より女王国に至る万二千余里。
男子は大小となく、皆黥面文身す。古より以来、その使中国に詣《いた》るや、皆自ら大夫と称す。夏后小康の子、会稽に封ぜられ、断髪文身、以て蛟竜《こうりゅう》の害を避く。今倭の水人、好んで沈没して魚《ぎょ》蛤《こう》を捕え、文身しまた以て大魚・水禽を厭《はら》う。後やや以て飾りとなす。諸国の文身各〻異り、あるいは左にしあるいは右にし、あるいは大にあるいは小に、尊卑差あり。その道里を計るに、当に会稽の東治《とうや》の東にあるべし。〔中略〕
女王国より以北には、特に一大率《いちだいそつ》を置き、諸国を検察せしむ。諸国これを畏憚《いたん》す。常に伊都国に治《ち》す。国中において刺史の如きあり。王、使を遣わして京都・帯方郡・諸韓国に詣り、および郡の倭国に使するや、皆津に臨みて捜露し、文書・賜遺の物を伝送して女王に詣らしめ、差錯するを得ず。〔中略〕
その国、本また男子を以て王となし、住《とど》まること七、八十年。倭国乱れ、相攻伐すること歴年、乃《すなわ》ち共に一女子を立てて王となす。名づけて卑弥呼という。鬼道に事《つか》え、能く衆を惑わす。年已に長大なるも、夫婿《ふせい》なく、男弟あり、佐《たす》けて国を治む。王となりしより以来、見るある者少なく、婢千人を以て自ら侍せしむ。ただ男子一人あり、飲食を給し、辞を伝え居処に出入す。宮室・楼観・城柵、厳かに設け、常に人あり、兵を持して守衛す。

女王国の東、海を渡る千余里、また国あり、皆倭種なり。また侏儒国《しゅじゅこく》あり、その南にあり。人の長《たけ》三、四尺、女王を去る四千余里。また裸国・黒歯国あり、またその東南にあり。船行一年にして至るべし。倭の地を参問するに、海中洲島の上に絶在し、あるいは絶えあるいは連なり、周旋五千余里ばかりなり。

景初二年六月、倭の女王、大夫難升米等を遣わし郡に詣り、天子に詣りて朝献せんことを求む。太守劉夏、吏を遣わし、将って送りて京都に詣らしむ。

その年十二月、詔書して倭の女王に報じていわく、「親魏倭王卑弥呼に制詔す。帯方の太守劉夏、使を遣わし汝の大夫難升米・次使都市牛利を送り、汝献ずる所の男生口四人・女生口六人・班布《はんぷ》二匹二丈を奉り以て到る。汝がある所踰《はる》かに遠きも、乃ち使を遣わして貢献す。これ汝の忠孝、我れ甚だ汝を哀れむ。今汝を以て親魏倭王となし、金印紫綬《しじゅ》を仮し、装封して帯方の太守に付し仮授せしむ。汝、それ種人を綏撫《すいぶ》し、勉めて孝順をなせ。汝が来使難升米・牛利、遠きを渉《わた》り、道路勤労す。今、難升米を以て率善中郎将となし、牛利を率善校尉となし、銀印青綬を仮し、引見労賜し遣わし還す。〔中略〕」と。

正始元年、太守弓遵、建中校尉梯儁《ていしゅん》等を遣わし、詔書・印綬を奉じて、倭国に詣り、倭王に拝仮し、ならびに詔を齎《もたら》し、金帛・錦罽・刀・鏡・采物を賜う。倭王、使に因って上表し、詔恩を答謝す。

その四年、倭王、また使大夫伊声者・掖邪狗等八人を遣わし、生口・倭錦《わきん》・絳青縑《こうせいけん》・緜衣《めんい》・帛布・丹・木⿰犭付(弣)・短弓矢を上献す。掖邪狗等、率善中郎将の印綬を壱拝す。

その六年、詔して倭の難升米に黄幢《こうどう》を賜い、郡に付して仮授せしむ。

その八年、太守王頎《おうき》官に到る。倭の女王卑弥呼、狗奴国の男王卑弥弓呼と素より和せず。倭〔の〕載斯烏越等を遣わして郡に詣り、相攻撃する状を説く。塞曹掾史《さいそうえんし》張政等を遣わし、因って詔書・黄幢を齎《もたら》し、難升米に拝仮せしめ、檄を為《つく》りてこれを告喩す。

卑弥呼以て死す。大いに冢《ちょう》を作る。径百余歩、徇葬する者、奴婢百余人。更に男王を立てしも、国中服せず。更〻《こもごも》相誅殺し、当時千余人を殺す。また卑弥呼の宗女壱与年十三なるを立てて王となし、国中遂に定まる。政等、檄を以て壱与を告喩す。壱与、倭の大夫率善中郎将掖邪狗等二十人を遣わし、政等の還るを送らしむ。因って台に詣り、男女生口三十人を献上し、白珠五千孔・青大勾珠二枚・異文雑錦二十匹を貢す。

邪馬台国は九州にあった ▼ ▼ 目次

邪馬台国は九州にあった

一支国放射状方式による解読法

1 「略載」の省略内容から倭国を構成する諸国を比定

昨今、邪馬台国《やまたいこく》の位置を解明しようとする人は、『魏志《ぎし》』倭人伝《わじんでん》の二千字ほどの記述に振りまわされ続けている。このままでは邪馬台国がどこにあるのか、納得のいく結論が得られそうにない。その記述から、なぜ邪馬台国の位置を読み解くことができないのか。

誰もが記述順序通りにたどるけれども、すんなりとは『三国志』の撰述者《せんじゅつしゃ》が意図する場所にたどり着けない。記述順序通りにたどる——ここにこそ振りまわされる理由がある。反面、ここにこそ解決の道が隠されている、とも言える。この記述順序通りにたどる際に、どのような法則に基づいてたどれば良いのかという、そのことが重要性を増してきたように思う。

誰でも記述順序の通りにたどるのは容易にできる。けれども問題解決には、どのような法則・方法でたどるべきかが重要であり、今それをあらためて考え直す段階に来ている。

一般的に、A、B、C、D、E国の記述順序で、方位・距離がそれぞれ付記されている場合、

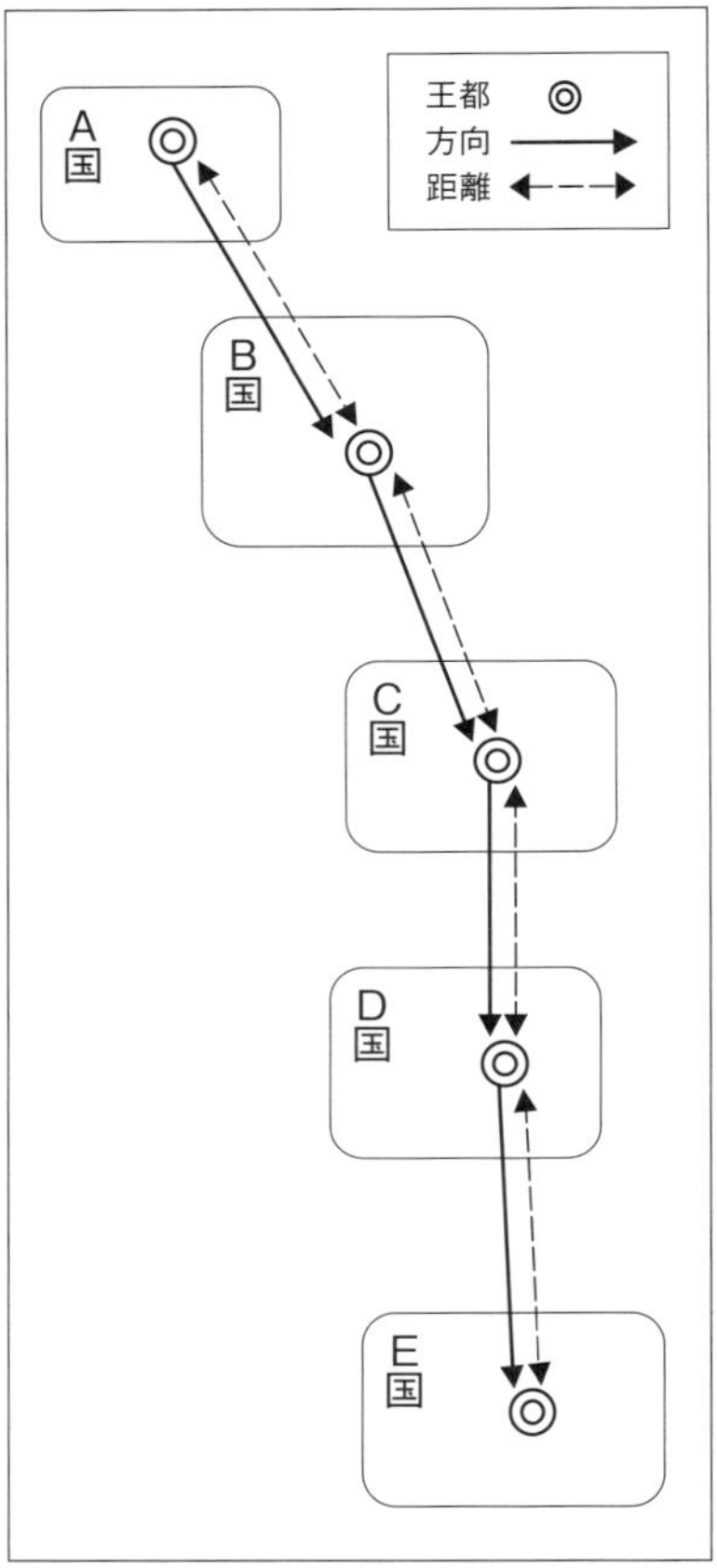

図１　順次法

『三国志』の撰述者である陳寿《ちんじゅ》がどのような法則あるいは方法、構図、定義によって記述したのかが重要である。あとはそれに基づいて読み解いていけば、彼の意図する場所にたどり

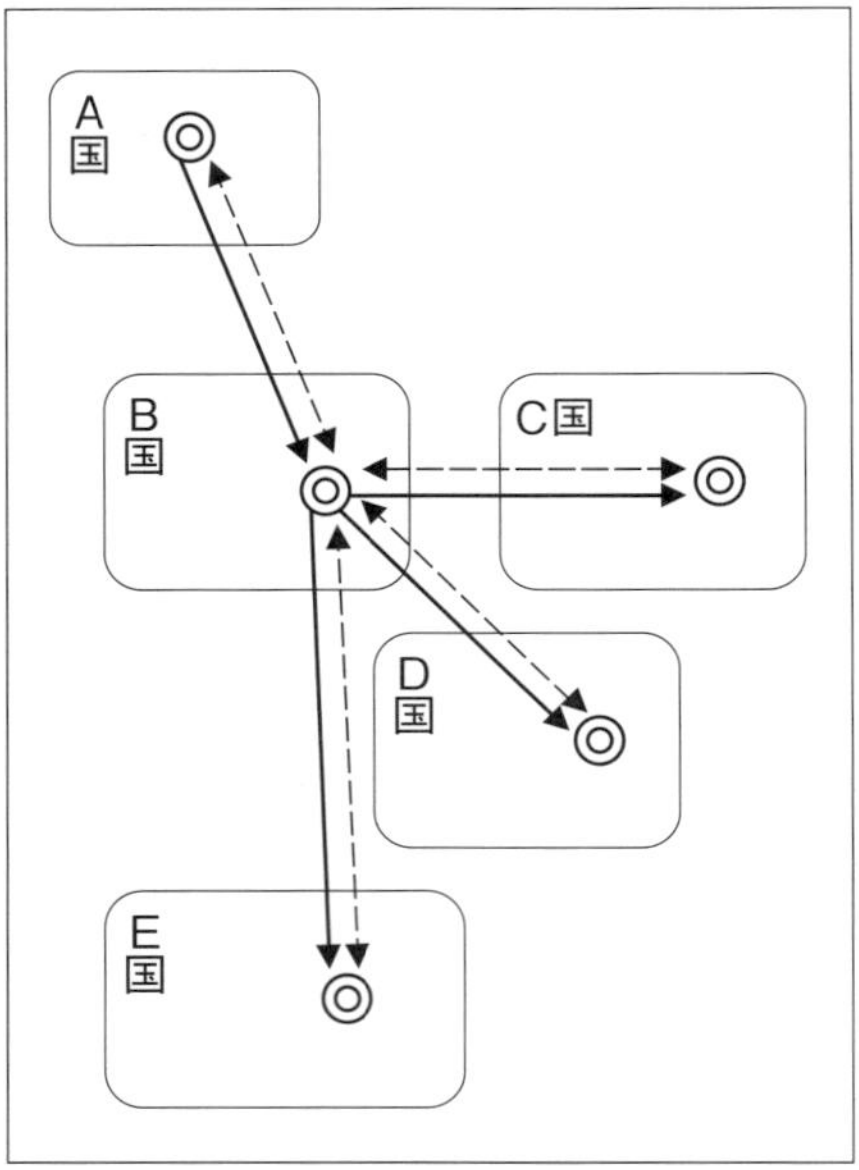

図２　Ｂ国放射状法
（伊都国放射状法）

着けるのである。

その第一の解明の方法は順次法《じゅんじほう》（図１）と呼ばれている。Ａ国の王都を起点に、Ｂ国の王都までの方位・距離。Ｂ国の王都を起点に、Ｃ国の王都までの方位・距離、と順に、ＣからＤ国、ＤからＥ国へと読み進んでいく方法である。

第二の方法は、Ｂ国放射状法《ほうしゃじょうほう》（榎《えのき》説

の伊都国《いとこく》放射状法、図2）と呼ばれている。A国の王都を起点に、B国の王都までの方位・距離。B国の王都を起点に、C国の王都までの方位・距離。同じくB国の王都を起点に、D国の方位・距離。B国の王都を起点に、E国の方位・距離——と、順に読み進んでいく方法である。

戦後、おおまかにこの二通りの方法に従って読み進められ、それぞれ現実の地形に合致しない部分は指し示す方向軸に何度かずれがあるとしたり、あるいは方位や距離の原文が誤りとするなど、なんらかの工夫を加え、解読者が意図する場所に邪馬台国の位置を導いている。今では、この二通りの基本的方法がいくつかに派生して、百家争鳴状態で賑《にぎ》わっている。

しかし、順次法や伊都国放射状法のいずれの従来法を用いても納得のいかない結論となる原因は、その二通りの方法で読み進む限り、しだいに現実の列島の地形に合致しなくなるというそもその問題点に集約されてくる。

一般的に地図を頼りに複数の場所に行くとき、少々の誤差があっても、示された方向・距離に行けば判断のつきにくい場所があったとしても、ほかの同様の方向・距離の複数の地理情報によって、それぞれの場所の相関関係がわかったり、誤差の程度までわかる場合が多い。あるいは尺度のわからない距離でも、同類の距離情報がほかにいくつかあればその平均値を算出できる。しだいに地理情報と地図上の地形と一致して、その前の判断のつきにくかった所の原因までわかるものである。

しかし、邪馬台国の位置は九州のはるか南の海上になってしまい、倭国の本来の姿からほど遠い解釈や原文の「南」を「東」に読み替えるべき、というような恣意《しい》的な解釈などが、解決されずに放置されているように感じる。

なんとか、もっと現実の列島の地形と合致する第三の解明・解釈方法はないのだろうか。

また、今まで国の位置を表記する方向と距離について、曖昧に解釈されてきたように感じるが、もっと正確に定義する必要はないのだろうか。

当時、撰述者が方向と距離を表記するとき、方向の起点と距離の起点を同一起点からそれぞれ表記したのでなく、方向の起点と距離の起点を別々にとらえていたのかもしれない。それらの起点が国内のどこにあるのか、またそれらの終点になっている地点はどこなのか。それらをもっと正確にとらえていたとしたら、変な解釈によってせっかくの古い貴重な記録が台無しになっていることになる。

実際、その起点・終点のとらえ方の違いが、解釈する人によってそれぞれの国々の位置関係および王都の位置関係に、大小のずれを生じさせている。また、起点・終点のいずれかの定義が異なれば、その指し示す里数距離は、受け取る側でも一里あたりの数値までもが当然異なってくる。

定義づけられて表記されている距離や方向およびその数値をもう一度厳密にとらえていく必要が求められているのではないだろうか。

第三の解読法を案出する鍵は、『魏志』倭人伝中の「略載《りゃくさい》」という文字である。「女王国より以北、その戸数・道里は得て略載すべきも、その余の旁国は遠絶にして得て詳かにすべからず」の文中の「略載」がそれである。

私はこの「略載」の文字の意味は、戸数・方向・里程などの地理情報（要素）を記述する際に、その基本となる要素のすべてを文中に記述しているわけではなく、その一部が省略されて必要最小限の要素を記載している、と理解した。省略する理由は何か。前の記述と同じことを省略すると文面はすっきりとし、情報を多く載せることができるからだ。

このことから、一国を記述するのにどのような要素が説明されて、その中の何が一部省略されているのかを押さえていけばよい。

それでは、どのような省略要素があるかと問われれば、方向・距離・国名ではないかと思われるかもしれないが、厳密にはそれだけではない。方向、水行距離、至国名、陸行距離、到国名（「到」のあとの国名は王都の意味）である。これらのすべてを記述することが基本原則であって、前と同じ要素、すなわち、同じ方向、同じ距離（数値）などを繰り返す場合、それらを省略しているのである。

当然、王都が海岸に近い所にあれば、陸行距離が限りなく〇里に近いので、これも省略されることになる。すなわち、一支国《いきこく》の王都跡である原の辻のように、王都まで五〇里以内の陸行距離は記述が省略されることになる。

これら五つの要素（方向、水行距離、至国名、陸行距離、到国名）も定義づけられているはずなので、事前にそれらを明確にしておくべきであろう。

① 方向は、前出国の王都が起点、次出国王都の入口（港）が終点。もしくは水路上を行く場合で、次出国の国境を経由してその王都の入口（港）に行く場合は、方向の終点はその途中にある国境までを指す。

② 水行距離は、前出国の国境（海岸）から次出国王都の入口（港）まで。

③ 至国名は、「方向」と組み合わされる場合、至の終点はその「国名」の王都の入口（港）もしくは水行途上に現出するその「国名」の国境地点。言いかえれば、王都入口（港）に行くため、地形上その国の国境を王都入口（港）より先に通過する場合、至の終点は、その「国名」の国境地点を指す。

④ 陸行距離は、次出国王都の入口（港）から王都まで。

⑤ 到国名は、「陸行距離」と組み合わされる場合、到の終点はその国の王都を意味する。

これらを踏まえて第三の解読法が提案できる。

第三の解読法は、「A国放射状法」（中村説の一支国放射状法）と呼び、各国の説明項目は①から⑤の五要素を備える。この中で記述されていない要素は、前出国の要素と同じことが省略されているか、陸行距離が〇里に近い場合である。

この第三の解読法を用いて、『魏志』倭人伝に記述されている各国の位置を具体的にそれぞれたどっていきたい。

その前に、五つの要素の定義に基づき、一里が約何メートルかを、実際の対馬《つしま》と壱岐《いき》の距離と面積に基づいて、それぞれ倭人伝に表記された数値からその平均値を算出する必要がある。

対馬国と一支国《いきこく》（壱岐）については、距離だけでなく、面積も書かれている。対馬の面積は七〇九平方キロメートルである。またその面積は、正方形の一辺が四百余里を二乗することを意味する「方四百余里」が使用されている。したがって、七〇九平方キロメートルの面積も正方形と考えれば、その一辺の長さを求めなければならない。すると、その平方根は二万六六二七メートルである。それを四五〇里（余里を下位桁の五として算定）で除すると、一里は約五九メートルとなる。

同様に、壱岐の面積の平方根一万一七八九メートルを三〇〇里で除すると、約三九メートルとなる。

また、対馬国と一支国（壱岐）までについては、水行距離も当然書かれている。巨済島（韓国）の海岸から浅茅湾《あそうわん》内までの七六キロメートルを一五〇〇里で除すると、一里は五一メートル。対馬の南端の岬から壱岐の西海岸を経由し、一支の王都入口となる印通寺港《いんどうじこう》まで七四キロメートルであり、これを一五〇〇里で除すると四九メートル。

これら四つの値を平均すると、一里は約五〇メートルとなる。

表1　一里あたりの距離

区分	面積	一里	水行距離	一里
対馬	七〇九㎢（二万六六二七mの二乗）方四百余里（四百余里の二乗）	五九m	七六㎞ 千余里	五一m
一支（壱岐）	一三九㎢（一万一七八九mの二乗）方三百里（三百里の二乗）	三九m	七四㎞ 千余里	四九m

さて、第三の解読法のA国放射状法、すなわち一支国（壱岐）放射状法を用いると、その方向・距離などの地理的要素から位置の解釈はどうなるのか。

方向はA国の王都を起点に示され、B国の王都入口の港まで。水行距離はA国の海岸を起点に示され、B国の王都入口の港まで。

C国についての方向の明示は、A国の王都を起点にしてC国の王都入口の港まで。水行距離は

A国の海岸を起点に示され、C国の王都入口の港まで。

同様にD国については、方向がA国の王都を起点にD国の王都入口の港まで、水行距離がA国の海岸を起点にD国の王都入口の港まで、となる。これらに、各国とも王都入口の港から王都までの陸行距離が加わる。

この方法と定義によって、邪馬台国まで読み解いていけばよい。

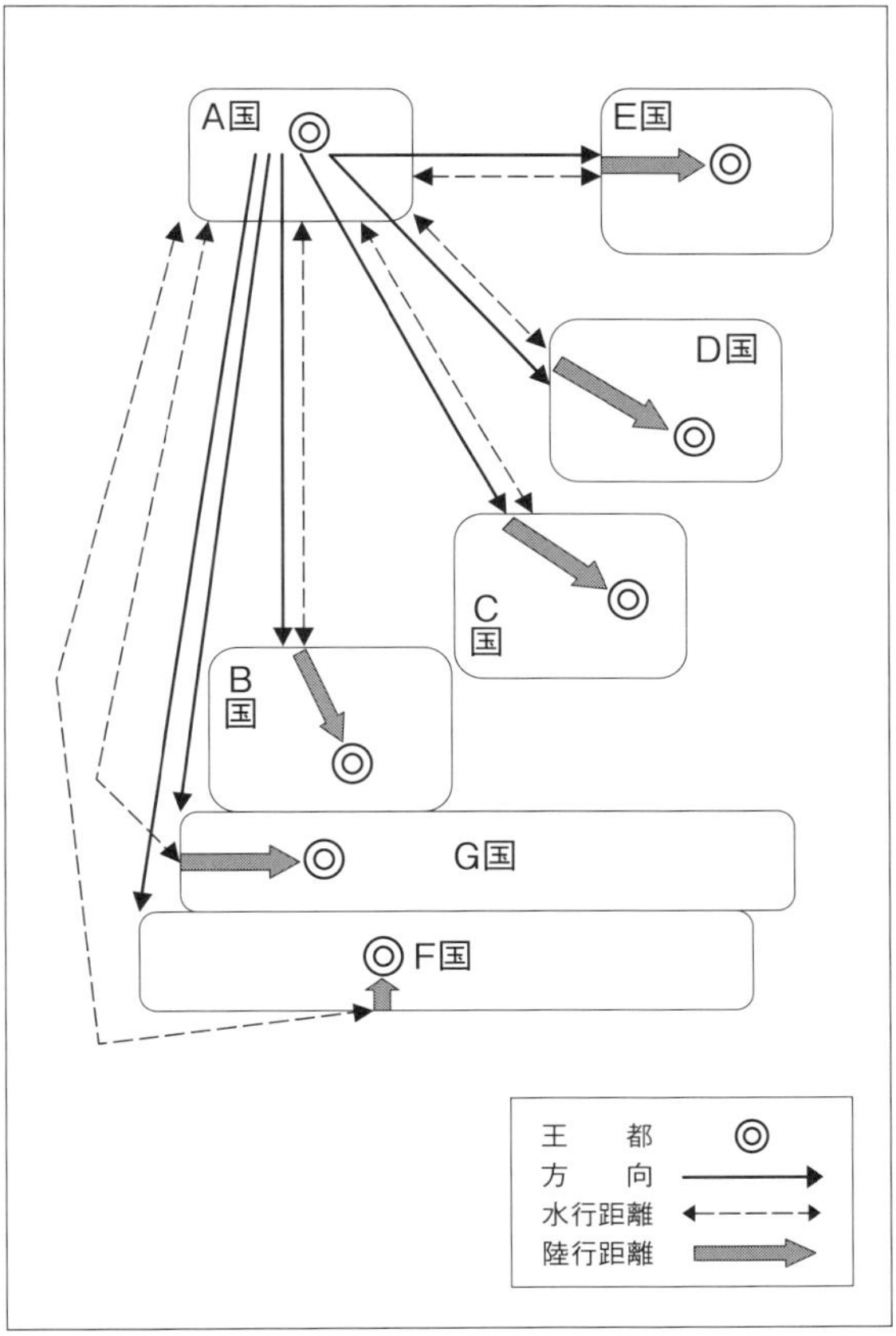

図3　A国放射状法（一支国放射状法）

A国である一支国の王都は、現地の発掘調査によって原の辻遺跡である可能性が極めて高いことがわかっている。『魏志』倭人伝中に記述された諸国の中で唯一王都が確定している場所でもある。印通寺港からその王都まで、約二・五キロ（五〇里）であるので、それ以内の距離は省略できる距離とみなすことができる。起点のA国が一支国、放射状先のB国が末盧国《まつろこく》、C国が伊都国《いとこく》、D国が奴国《なこく》、E国が不弥国《ふみこく》、F国が投馬国《とうまこく》、G国が邪馬台国である。

この中で、五要素が省略されている事項を一覧にすると表2のようになる。

表2　省略されている記述

区分	位置比定に関係する倭人伝の記述　*（）内が省略されている事項	備考
0	郡（治）より海岸にしたがいて水行し、韓国をへて、あるいは南し、あるいは東し、倭（の国境）に至る。（郡境から水行して）七千余里で、狗邪韓国《くやかんこく》（の王都の）北岸に、（陸行五〇里以内で狗邪韓国の王都に）到る。	方向は郡治が起点 水行距離は郡境が起点
1	始めて（南）、一海を渡る千余里、対馬国に至る。（陸行五〇里以内で対馬国王都に到る。）	乗船南北市羅《してき》
2	又南、一海を渡る千余里、一大国に至る。（陸行五〇里以内で一支国王都に到る。）	亦南北市羅
3	（又南）、又一海を渡る千余里、末盧国に至る。（陸行五〇里以内で末盧国王都に到る。）	方向は原の辻が起点 水行距離は対岸国に最も

4	東南、（又一海を渡る千余里）、（伊都国に至る。）陸行五百里で伊都国（王都）に到る。	近い壱岐海岸が起点
5	東南、（又一海を渡る千余里）、奴国に至る。（陸行）百里で（奴国王都に到る。）	河豚鼻《ふぐばな》 印通寺港《いんどうじこう》 筒城岬《つつきみさき》
6	東行、（又一海を渡る千余里）、不弥国に至る。（陸行）百里で（不弥国王都に到る。）	
7	南、投馬国に至る。水行二〇日、（陸行五〇里以内で投馬国王都に到る。）	
8	南、邪馬台国に至る。水行一〇日、陸行一月で女王の都する所に（到る。）	
9	郡（境）より（水行して）女王国（の国境）に至る。万二千余里。	水行距離は郡境が起点

一支国を起点に、末盧国、伊都国、奴国、不弥国までの水行距離が、同じ「千余里」となっていることがわかる。また方向は、一支国の王都を起点に四カ国が明示されているだけでなく投馬国、邪馬台国の二カ国も同じ一支国の王都を起点に示されていることがわかる。

この省略された項目を追加して、それぞれの国々について一支国放射状方式で読み解いていくだけである。

末盧国《まつろこく》

末盧国について省略されている要素は二つ。方角が南、王都までが五〇里以内、である。壱岐の原の辻を起点に、末盧国の方角は南となるので、真北を〇度とすると、南の中心は一八〇度方向となる。最初の「倭人は帯方の東南」の記述を除いて、それまで方角は四分法で順次記述されている。しかし、末盧国を明示するところから再び八分法の方角で記録されている。

末盧国までの方角が南というのは、度数で示すとどの程度になるだろうか。一支国《いきこく》王都から真南の方向一八〇度を基準に、左四五度・右四五度、すなわち、左右の容認幅九〇度とすれば、その南は一三五度から二二五度の方向を示すことになる。その示される対岸は唐津市から平戸市にかけての海岸（港）、もしくは、北松浦半島の佐世保市までの海岸（港）が候補地となる。さらに容認幅を四五度まで狭めれば、その候補地は伊万里港、松浦市志佐川河口の港、佐世保港などにしぼれるだろう。

次に、水行距離が千余里（約五〇キロ）の条件に合致する港は、唐津港（約三五キロ）、伊万里港（四〇キロ）、佐世保港（七五キロ）などがあげられる。これらの港が王都入口の候補地となり、末盧国の王都はそこから二・五キロ以内の可能性が高い。

したがって、末盧国の領域は、旧地名からも東松浦郡の松浦川以西、および西松浦郡、北松浦郡、南松浦郡（五島列島）のほぼ全域であろう。

五島列島などは一つの島で邑《むら》をなしているのであろう。

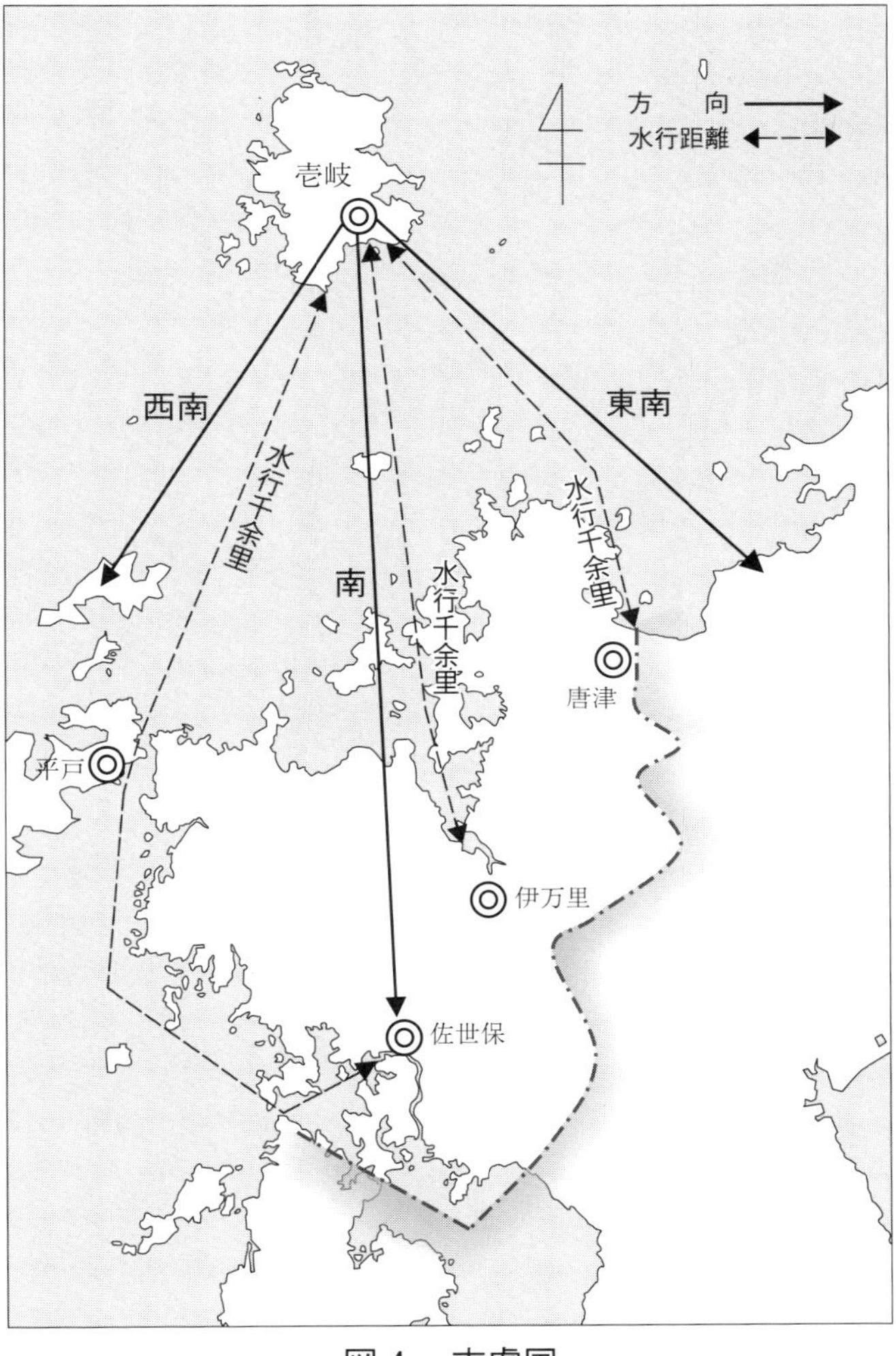

図４　末盧国

また、その末盧国の王都は、総合すると伊万里市、佐世保市の市役所に近い所が可能性が高いと思われる。

別の見方をすると、末盧国の王都を伊都国の国境に近い唐津港付近に置くだろうか。そこは末盧国の東北端にあたり、国内の統治に不便な所にわざわざ王都を置くとは思えない。その可能性は少ないだろうから、やはり末盧国の王都の候補地は、伊万里市や佐世保市に絞られていくだろう。

伊《い》都《と》国《こく》

伊都国について省略されている要素は三つ。水行距離が千余里、至伊都国、および到伊都国のあとの王都、である。

壱岐の原の辻から伊都国の方角は東南であり、中心方向は一三五度、対岸は糸島市二丈であるが、ここから陸行五百里は脊振山地を越えることになる。

そのため、対岸はもっと南西に適地がある。容認角度を二二・五度以内と限定すれば、壱岐の原の辻から一四五度方向の東唐津が伊都国の王都入口に適している。

ここは一大率《いちだいそつ》の地でもある。ここからさらに、国道323号線沿いに内陸に五百里（約二六キ

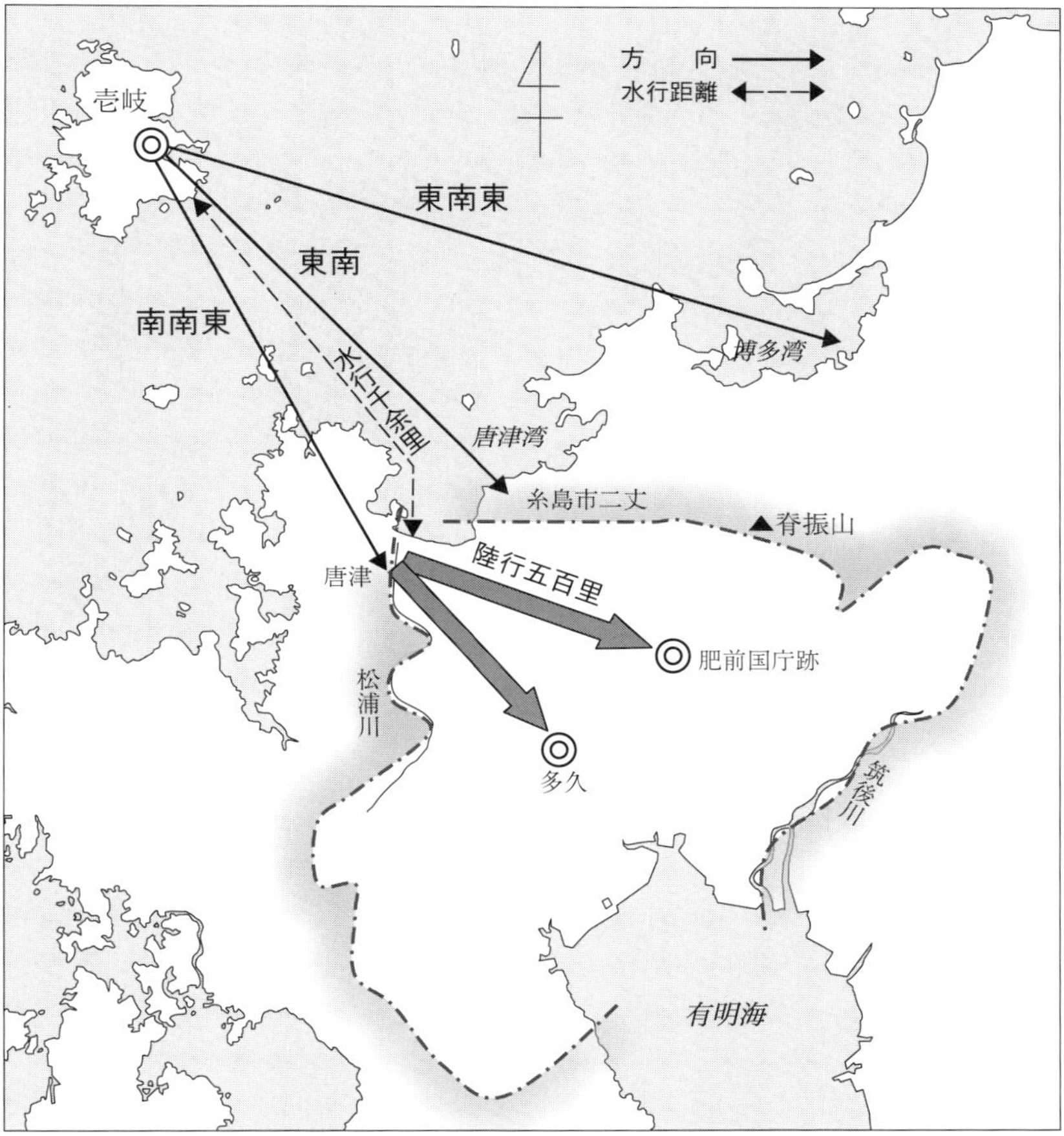

図５　伊都国

ロ）陸行すると、肥前国庁跡付近に到着する。これを国道203号線沿いに陸行すると、多久インターチェンジ付近に到着する。

　伊都国はこのいずれかの付近に王都が位置する国である。

　伊都国の境界は北が脊振山地、東の国境が筑後川、南は有明海で、西の国境は松浦川であろう。国境が安定的で独自運

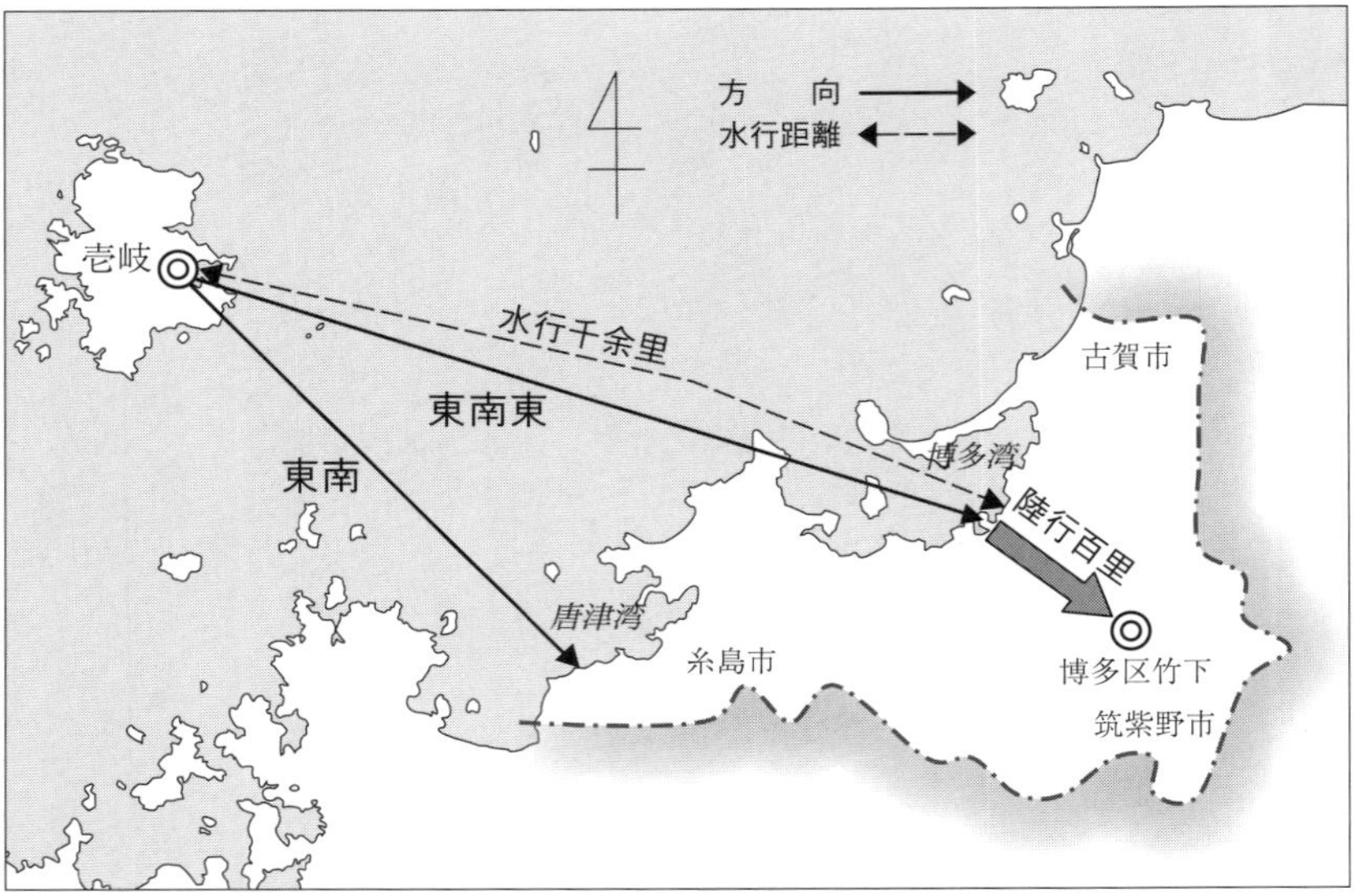

図6　奴国

営が可能だったので、歴代の王による国の存続が安定してきたのであろう。

伊都国は佐賀県のほとんどを占めて、松浦川以西は末盧国《まつろこく》、脊振山地以北は奴国《なこく》、筑後川以南は邪馬台国《やまたいこく》となっている。

奴《な》国《こく》

奴国について省略されている要素は三つ。水行距離が千余里であること、また百里が王都までであることと、それが陸行距離であること、である。

壱岐の原の辻から奴国の方角は同じく東南であり、対岸は糸島市二丈となるが、伊都国や不弥国の方向を考慮すれば、奴国の厳密な方向は原の辻から東南東であることがわかる。東南東、

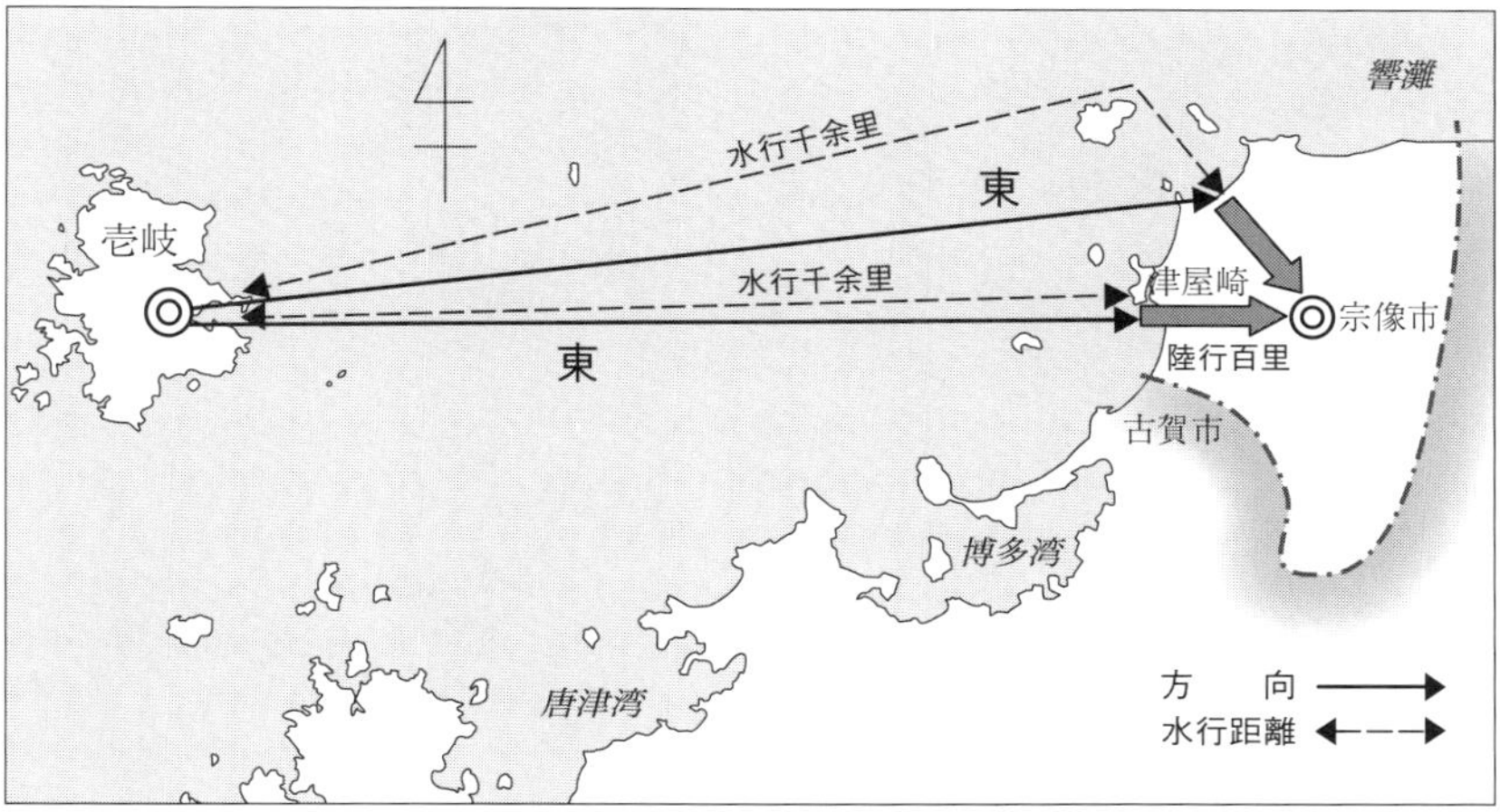

図7　不弥国

水行距離千余里（約六〇キロ）で、博多湾の那珂川河口の港、今の博多駅付近に至る。

ここから陸行距離百里（約五キロ）となるのは、内陸のJR竹下駅の東地区付近であり、ここが奴国の王都となる。

奴国の領域は、福岡平野を中心に、東は糟屋《かすや》郡古賀町（現古賀市）から西は糸島郡（現糸島市）にまたがる地域、南の奥行きは筑紫野《ちくしの》市と朝倉郡との境界までとなる。

不弥国《ふみこく》

不弥国について省略されている要素は三つ。水行距離が千余里であること、百里が王都までであることと、それが陸行距離であること、である。

壱岐の原の辻から不弥国の方角は東であり、その中心は九〇度方向である。壱岐の対岸は福津市津屋崎《つやざき》の海岸である。ここに至り、県道97号線沿いに内陸に陸行百里（約五キロ）でＪＲ東郷駅付近に到着する。また壱岐から津屋崎北の勝浦に至り、県道５２８号線沿いに内陸に陸行距離百里（約五キロ）でも、同じくＪＲ東郷駅付近に到着する。福津市と宗像市の全地域が不弥国なのであろう。

とすれば、奴国と不弥国の境界は古賀市と福津市の境界となる。

投馬国《とうまこく》

投馬国について省略されている要素は一つ。王都までの陸行距離、である。

壱岐の原の辻から南に水行すると、投馬国の王都に到る前に投馬国の国境に至る。その国境は邪馬台国と投馬国の位置関係より両国の国境と考えられることから、ほぼ鹿児島県と熊本県の県境にあたる。かつ、東シナ海に面しているから、一支国から南の方向に位置する境は長島海峡であろう。投馬国に至るとは、方向の終点が国境地域の長島地域に至ることを意味する。

投馬国の王都までの距離は、水行距離と陸行距離で示される。ここでは王都入口までの水行距離が二十日。陸行距離は省略されているので、王都入口から王都までは五〇里以内である。

投馬国は戸数が五万余戸の大国であることから、鹿児島・宮崎両県にわたる国である。水行距離二十日が九州半周（四三〇キロ）とすると、その王都は宮崎県の日南市付近となる。四三〇キロ以上の水行距離ならば逆回りが速くなるので水行二十日は四三〇キロを超えることはない。したがって、水行十日は二一五キロ以下となる。水行二十日の距離の最大値をとると、投馬国の王都は日南市（油津港から約二・五キロ以内）の付近となるのである。

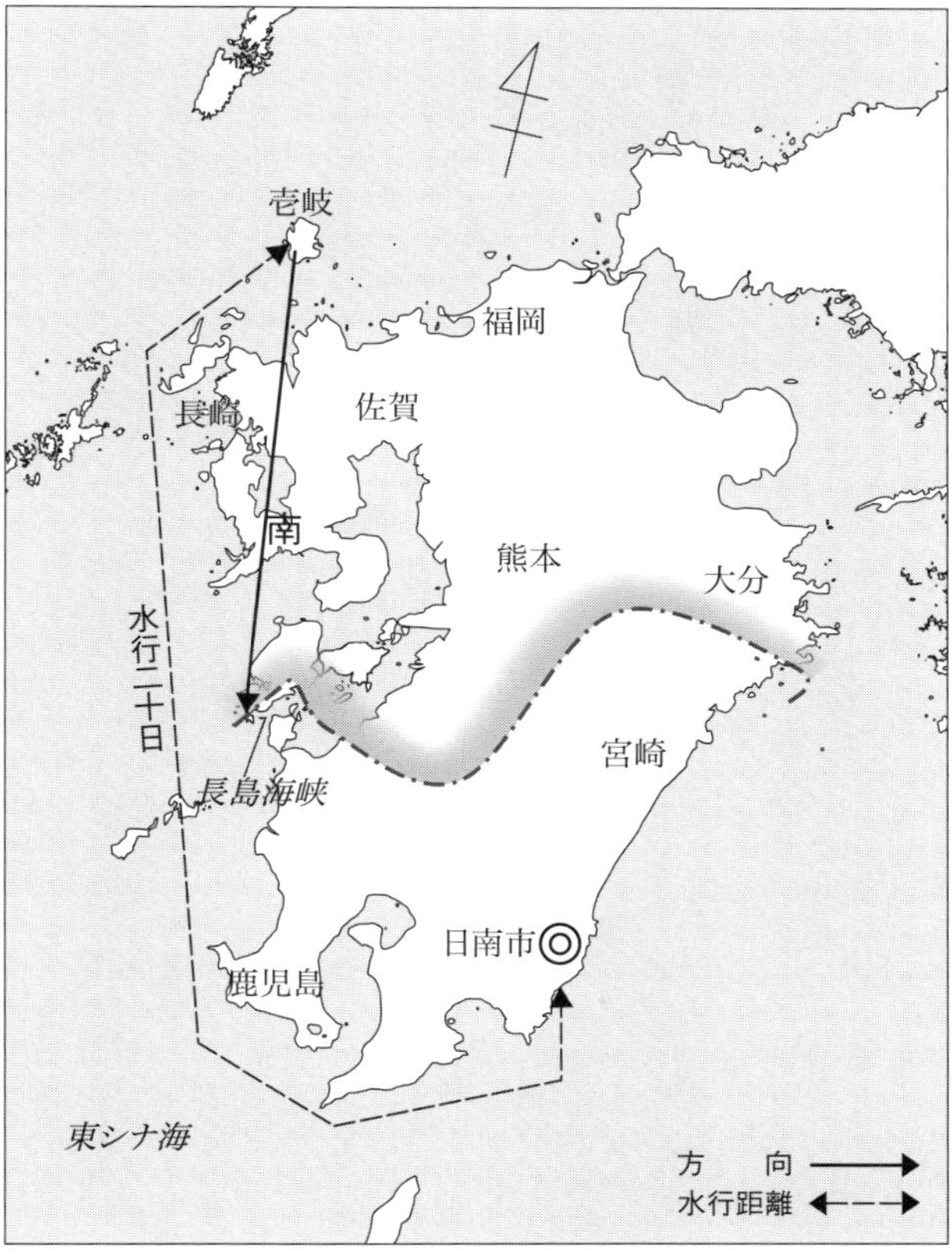

図８　投馬国

邪馬台国《やまたいこく》

邪馬台国について省略されている要素は一つ。王都に到る、である。

壱岐の原の辻から南の方向に水行すると邪馬台国の国境に至る。その国境は末盧国と邪馬台国の国境であるから、そこは北松浦半島と西彼杵半島の境界であろう。南の邪馬台国の国境に至るとは、方向の終点が西彼杵半島に至ることを意味している。

一支国《いきこく》から邪馬台国の王都入口までは水行十日の距離、これは二一五キロ（最大距離）で白川河口に接岸する。当時の白川は蓮台寺付近から南下して川尻で緑川に合流していたらしいので、川尻付近に接岸したのであろう。

また、水行距離の誤差を考えれば、手前の三角港か、その奥の菊池川河口も接岸の範囲となる。いずれもここから陸行一日の陸行距離が女王の都する所である。

水行一日の距離はほぼ二一・五キロ（最大）である。陸行一日の距離もこれとほぼ同じと仮定する場合、陸行一日の距離は二一・五キロ。その半分に相当するならば、一〇・八キロ。三分の一に相当するならば、七・三キロとなる。

川尻から幹線道路（古道）あるいは白川に沿って上流に七・三キロ遡ると、ほぼ熊本県庁と熊本市役所の線に女王が都する所の倭国の都が存在することになる。

同様に川尻から一〇・八キロ溯れば、陣内、井寺、古閑、竜田山周辺、釜尾付近のいずれかに存在したことになる。

さらに、二一・五キロ溯る場合、旧植木町役場、旧泗水町役場、旧合志町役場、菊陽町役場、甲佐町役場付近のいずれかが女王の都する所である。

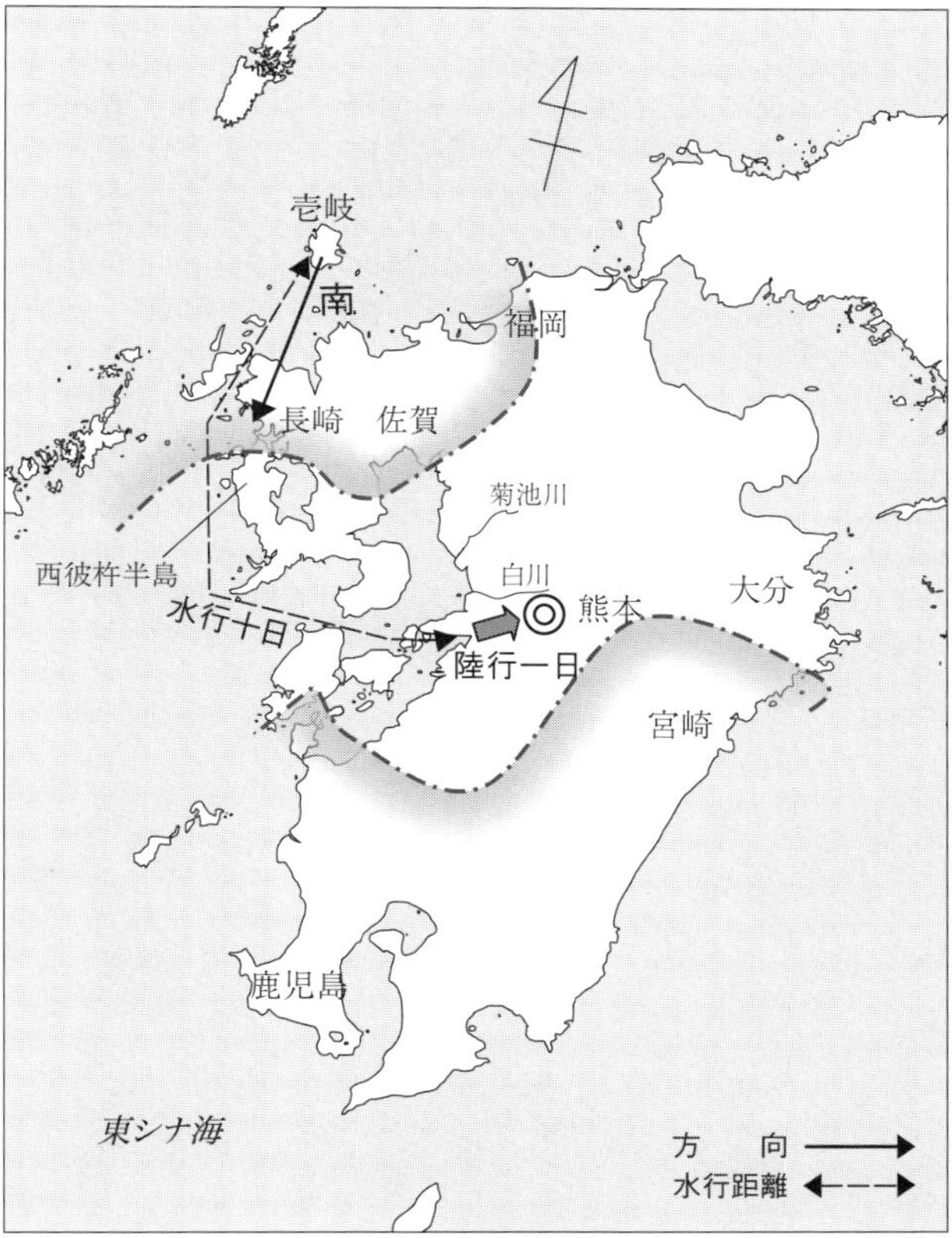

図9　邪馬台国

陸行一月の距離では王都入口から内陸に一月も行くこととなり、九州山地を越えて対岸に至る。その場合、一支国から水行距離十日で反対回りに行くほうが合理的であり、陸行距離一月は単に陸行距離一日の間違いの可能性が高い。

邪馬台国の領域は、戸数

が七万余戸（人口約三、四〇万人）の大国であることから、熊本県、大分県、福岡県（奴国、不弥国領域を除く）、長崎県（対馬国、一支国、末盧国領域を除く）の四県にわたる地域であることが推測できる。

倭国と女王国

邪馬台国《やまたいこく》の位置が概定できた。ここで留まることなく、さらに倭国と女王国について、それぞれの構成国の位置および倭国と女王国の関係位置の確認が必要である。

① 倭国の構成国は、狗邪韓国《くやかんこく》、対馬国《つしまこく》、一支国《いきこく》、末盧国《まつろこく》、伊都国《いとこく》、奴国《なこく》、不弥国《ふみこく》、投馬国《とうまこく》、邪《や》馬台国《またいこく》、斯馬国《しまこく》、己百支国《ほおきこく》、伊邪国《いなこく》、都支国《たじこく》、弥奴国《みなこく》、好古都国《ここつこく》、不呼国《ふわこく》、姐奴国《しゃなこく》、対蘇国《とさこく》、蘇奴国《そなこく》、呼邑国《あわこく》、華奴蘇奴国《かなそなこく》、鬼国《きこく》、為吾国《いごこく》、鬼奴国《きなこく》、邪馬国《やまこく》、躬臣国《きゅうしんこく》、巴利国《はりこく》、支惟国《しいこく》、烏《う》奴国《なこく》、奴国《なこく》、狗奴国《くなこく》、侏儒国《しゅじゅこく》の三二カ国。

また、倭種の国として侏儒国の南に裸国《らこく》、女王国の東に黒歯国《こくしこく》の二カ国が記録されている。

② 女王国の構成国は、二九カ国である。倭国の構成国のうち女王国に属していない国は、狗邪

韓国、狗奴国、侏儒国の三カ国である。狗邪韓国は女王国（対馬）の西北に、狗奴国は女王国（重出国の奴国）の南に、侏儒国は女王国（投馬国）の南にある。

「郡より倭に至る」以降についても同様の定義で読み解くべきである。帯方郡の郡治はソウル説などがあるが、私は平壌《ピョンヤン》説を採っている。平壌説を採る理由は、平安道付近に楽浪郡の屯有県があったと考えるからである。その屯有県がいくつかに分県され、その旧屯有県がそのまま帯方郡となったと考えている。

まず、倭の「方向」は、その帯方郡治の平壌が起点である。河川、海岸の形状に従ってここから、「あるいは南し」、「あるいは東し」とあることから、大同江を西南に下って、その河口から西南へ海岸を水行し、黄海南道の長山串を回って忠清南道沿岸へ向かって東南に水行し、倭国の国境であり、狗邪韓国の国境でもある錦江河口の群山に至る。これが「郡より倭に至る」である。

次に、倭国の第一国目の王都までの「距離」が記されている。郡境から狗邪韓国王都までは、黄海道（韓の那奚らの数十国）が二四七年に帯方郡の領域に新たに組み込まれたことから、その南端となった延安市の南岸が起点となる。終点の狗邪韓国王都の木浦市までが、水行距離七千余里（約三七〇キロ）となる。

ただ、「至る」のみの距離であれば王都の入口（港）もしくは国境までの距離の可能性もあるが、ここでは「到る」が使用されているので、国境までの距離ではなく、狗邪韓国の王都に行くための距離を意味する。また、それは水行距離と陸行距離で構成される。

そのため、これを区分してみると、まず、水行距離で郡境から王都である木浦市の北岸（王都の北岸）に至るまでが七千余里である。次に、この海岸から狗邪韓国王都までの省略されている陸行距離が五〇里以内である。これらの水行距離と陸行距離が、「その北岸に到る七千余里」の記述要領となる。

このことから、狗邪韓国の領域は、今の韓国のほぼ全羅道領域を占め、その王都位置が木浦市なのである。

また、「郡より女王国に至るには、万二千余里」とあることから、延安市南岸から女王国の国境までの地点が万二千余里（約六〇〇キロ）にあたる。この地点は狗邪韓国の王都である木浦市から五千余里（約二六〇キロ）の地点でもある。その国境は全羅道と慶尚道の道境付近である。対馬国も女王国の構成国ではあるが、対馬対岸の北地域で、狗邪韓国の東地域でもある位置に女王国の領域があることを意味している。

慶尚道地域こそ、女王国の直轄地域であるため、「郡より女王国の国境に至る万二千余里」の記述が存在するのである。

女王国より以北に存在し統治にやっかいな国が狗邪韓国であり、このために中国や韓国諸国に行き来する船も含めて、海峡を行き来する船には東唐津の一大率《いちだいそつ》に立ち寄らせ、諸国の物流、書簡などについて役人に捜露させ、検察して睨《にら》みを利かしているのである。江戸時代の長崎奉行が出島で国内外諸国の貿易などの統制をしているのに似ている。倭国中央政府が出先機関（役人は刺史のような存在）を置いて貿易・軍事・警備など行政の統括を実施している。

郡から倭に至るところの中間に位置する韓《からくに》国諸国はその総面積が方四千里とあることから、約四万平方キロメートルで、これは朝鮮半島の約五分の一にあたる。現在の京畿道、江原道、忠清道などの地域である。この地域に馬韓、辰韓、弁韓が存在する（図10・11）。

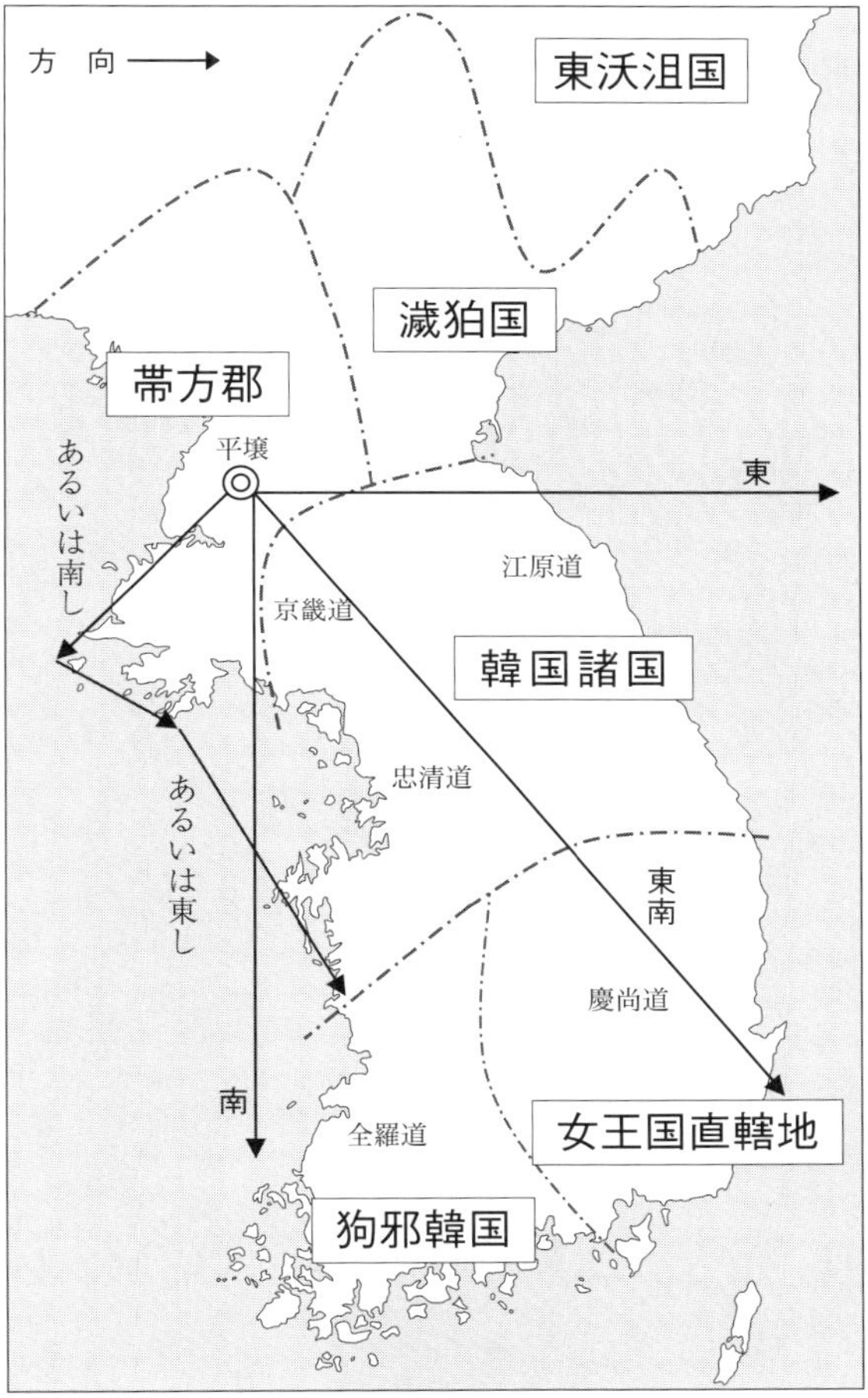

図10　方向

さて、女王国の

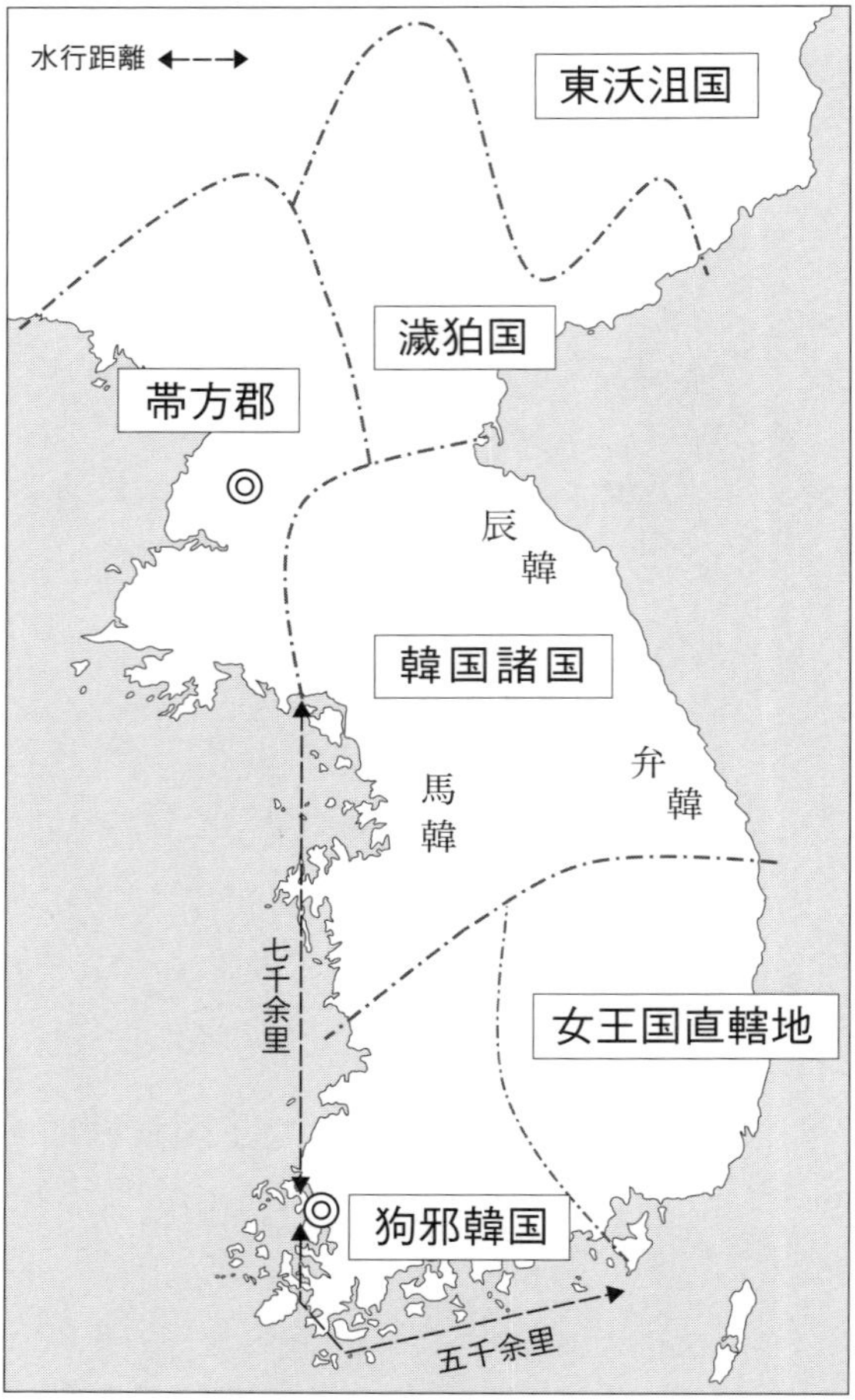

図11　水行距離

うち対馬国から邪馬台国までの八カ国は九州に位置している。このうち一支国以降は壱岐を起点に放射状にその道里が略載されている。ほかの斯馬国《しまこく》から重出国の奴国《なこく》までの二一カ国はどこにあるのだろうか。

それは、記述順序と地名の類似性から三グループに分けられる。斯馬国から姐奴国《しゃなこく》までの八カ国は山陰・北陸道沿いに西から東にほぼ順に記述され、対蘇国《とさこく》から鬼国《きこく》までの五カ国は南海道沿いに記述され、為吾国《いごこく》から奴国《なこく》まで八カ国は山陽道沿いに西から東にほぼ順に記述されている（図12）。

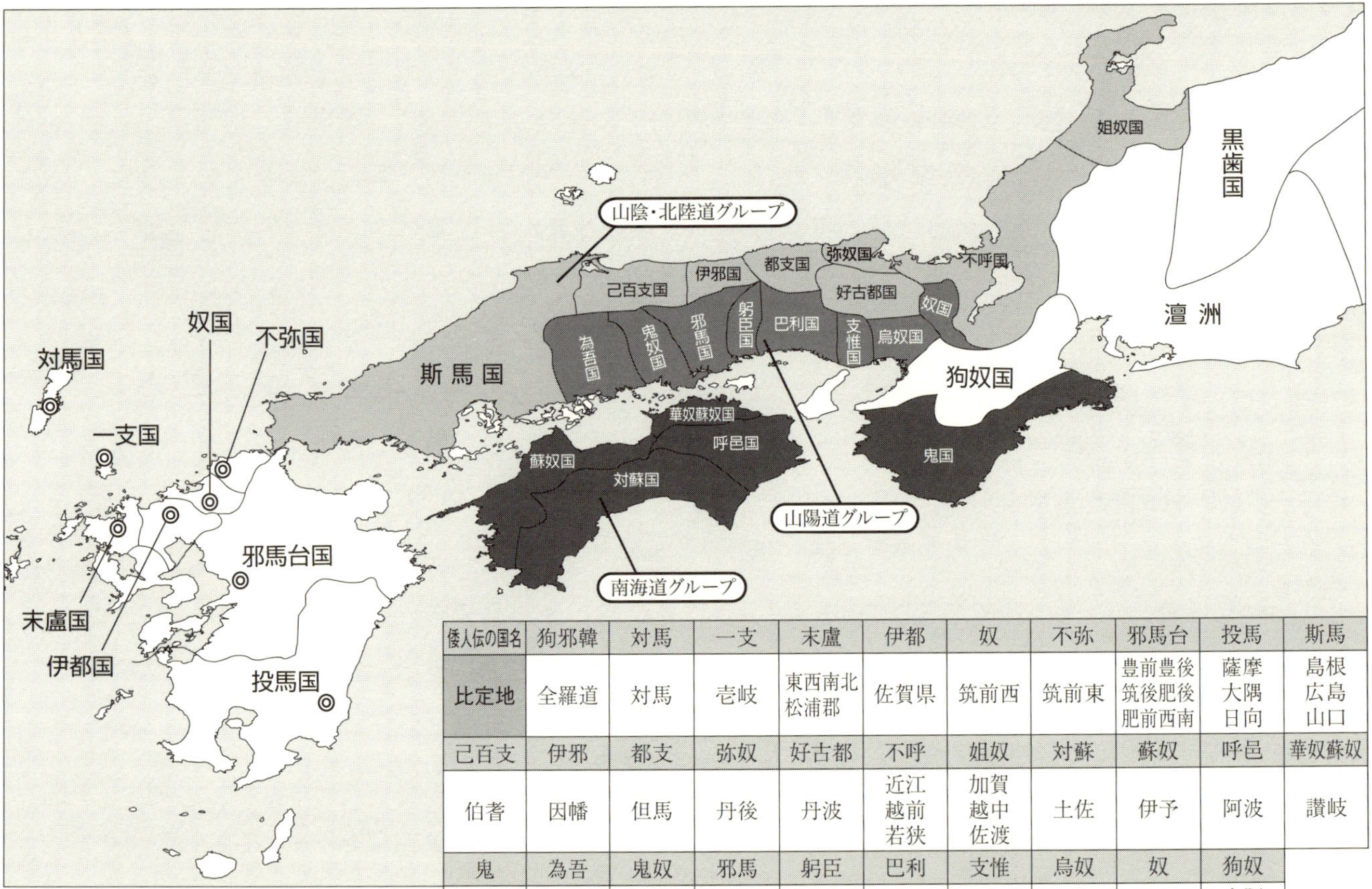

倭人伝の国名	狗邪韓	対馬	一支	末盧	伊都	奴	不弥	邪馬台	投馬	斯馬
比定地	全羅道	対馬	壱岐	東西南北 松浦郡	佐賀県	筑前西	筑前東	豊前豊後 筑後肥後 肥前西南	薩摩 大隅 日向	島根 広島 山口
己百支	伊邪	都支	弥奴	好古都	不呼	姐奴	対蘇	蘇奴	呼邑	華奴蘇奴
伯耆	因幡	但馬	丹後	丹波	近江 越前 若狭	加賀 越中 佐渡	土佐	伊予	阿波	讃岐
鬼	為吾	鬼奴	邪馬	躬臣	巴利	支惟	烏奴	奴	狗奴	
紀伊 志摩	備後	備中	備前	西播磨	播磨	摂津西 (兵庫県)	摂津西 (大阪府)	山城	大阪 奈良 伊勢	

図12　3世紀の倭国内諸国の比定地

「女王国より以北、その戸数・道里は得て略載すべきも」とある記述について、この女王国は文意から女王国の構成国の中の投馬国を指し、投馬国から北の対馬国までの女王国諸国八カ国は、その戸数・道里は略載できるが、残り二一カ国の女王諸国は遠絶にして詳らかにできないとしている。このときの「女王国」の南は、投馬国の南という意味で、その南には四千余里のところに侏儒国《しゅじゅこく》があり、さらにその南に裸国《らこく》がある。倭国の南と東に裸国と黒歯国《こくしこく》があり、その距離は船行一年の水行距離がある。倭国内であるにもかかわらず、邪馬台国の東は遠絶な地にあるとして、女王国諸国である斯馬国などは、その道里が明らかにされていない。

ところで、神武天皇が東征した地域を大阪府・奈良県の領域とし、ここが狗奴国《くなこく》とすれば、山陽道沿いの東端に位置する重出国の奴国は山城国《やましろこく》に比定される。ほかの女王諸国も神話を参考にすれば、その地域の比定が容易になる。ここではそれら諸国の比定については詳述しないで、自著の『仮説古代史解明――君主国・倭国・日本国』（文芸社、二〇〇六年、絶版）の記述の結果を図12に示すのみにして、女王国と倭国について確認を続けたい。

伊勢の地域すべてが狗奴国に含まれるのかどうかは判断しかねる。しかし、その南部は天照大神《あまてらすおおみかみ》が瓊瓊杵尊《ににぎのみこと》を福岡県の奴国に降臨させたとき、奴国の西部を以前統治していた猿田彦《さるたひこ》の氏族が、天照大神（卑弥呼）によって伊勢南部・志摩の地域に国替えを命じられている。和歌山県および志摩付近は南海道グループの東端国の鬼国に比定されているので、狗奴国と鬼国とは南北の位置関係にある。したがって、女王国あるいは倭国領域としてとらえられているのは、和歌山県や三重県南部までである。

「女王国の東、海を渡る千余里、また国あり、皆倭種なり」とある。これは三重県志摩から伊勢湾・三河湾を東に約五〇キロ渡ったところに、倭国と同種の国が存在していることを意味している。その中心地の東三河《ひがしみかわ》に秦の徐福《じょふく》が訪れたとされる伝説があるほどなので、ここを中心とする伝統的な国家が存続していたのであろう。

『後漢書』には倭国に連接している国が澶洲《せんしゅう》、夷洲《いしゅう》とある。倭国の東に連接している国で、東三河付近を王都する岐阜、愛知、静岡の東海地方三県の領域が澶洲であろう。一方、夷洲は倭国（もしくは倭種としての裸国）の南に連接する台湾であろう。

「その余の旁国（女王国）」の東端には重出国の奴国（山城国）が位置して、その南に狗奴国（大阪府・奈良県）がある。一方で九州に位置する女王諸国の南部に投馬国（宮崎県・鹿児島県）が位置して、その南に侏儒国があると記している。投馬国の南端は種子島・屋久島でありここから南に四千余里（約二〇〇キロ）のところに奄美大島があるので、奄美諸島が侏儒国である。

また、「裸国・黒歯国があり、またその東南にあり。船行一年にして至る」とある。東南とあるのは女王国の東と、女王国の南とに裸国と黒歯国があって、その間が船で一年かかるという意味が転じてこのように記されたのであろう。国名の順序から、方向は南、東の順となるべきではあ

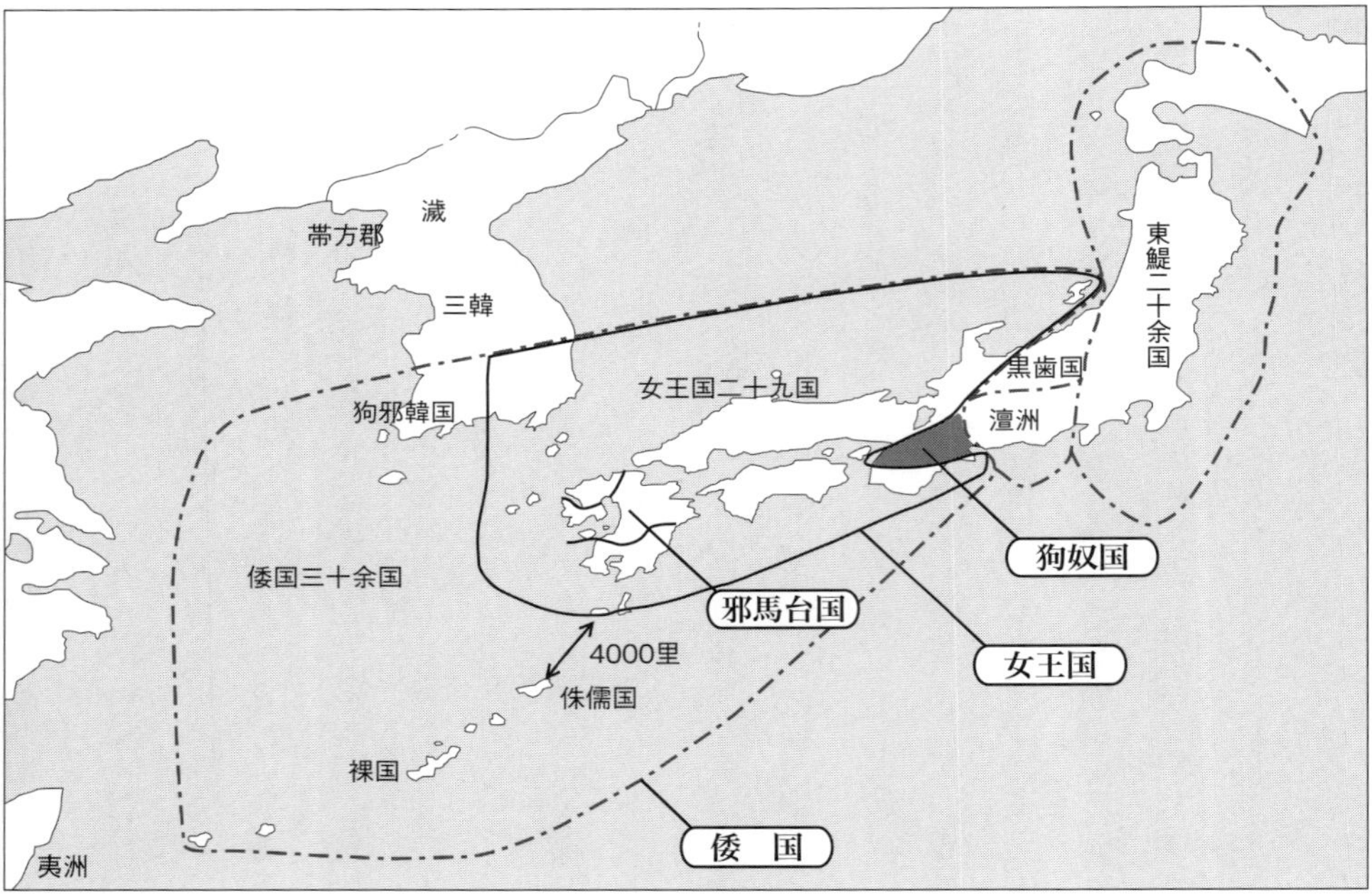

図13　3世紀島夷諸国の国家形成

るが、なんらかの原因で南東でなく東南にと順序が変わったのではないだろうか。

いずれにしろ、女王国の東の国には、澶洲の北に連接し、かつ日本海側に面している地域である黒歯国《こくしこく》が存在していることになる。この黒歯国は今の長野・新潟県にわたる地域に比定される。また、女王国の南の国には、侏儒国（奄美諸島）、そのさらに南に位置する裸国があり、これは沖縄県に比定される。

倭国の範囲は、南の沖縄県から北の新潟県までである。その倭国の南に夷洲（台湾）があり、倭国の東に澶洲（東海）があることを述べているのである。

ただ、沖縄と新潟の距離一年は、『隋書』や『旧唐書』に記述されるように

「東西五月行」、「南北三月行」と大差はないであろう。これは一年の長さが三分の一である四カ月ほどの単位を意味しているとすれば、すなわちこれは三倍暦が存在したことの片鱗《へんりん》とも言える。

『後漢書』には、倭国の東に二十余カ国で構成された大国の東鯷国《とうていこく》が存在している（図13）。

また、魏によって二三八年に平安道領域が帯方郡《たいほうぐん》として領有されるに至り、『後漢書』や『魏志』には朝鮮半島ばかりでなく、日本列島、台湾までが万遍《まんべん》なく記述されることになったのである。

2 倭国伝と同様の定義で東夷諸国を比定

さらに、一歩進んで『魏志《ぎし》』東夷伝《とういでん》に記された中国東北地方（遼河《りょうが》以東）、および朝鮮半島中北部地方に位置する東夷諸国について、倭国諸国と同様の定義で比定し、かつその支配者の動向を交えて確認したい。その際、東夷諸国が、それぞれ現在の中国の行政区域ではどの地域（地名）に比定されるべきか、あわせて明示していきたい。

大陸に位置する諸国は島嶼《とうしょ》国と違って、当然水行距離は存在しない。また、大陸では王都の入口（国境）とは、王都間をつなぐ幹線道路と国境の交わる地点となる。

① 方向は、前出国の王都を起点に、次出国王都の入口（国境と幹線道路が交わる地点）まで。

② 陸行距離は、次出国王都の入口（国境と幹線道路が交わる地点）からその王都まで。

公孫康《こうそんこう》の政権（二〇四〜二〇七年）は、遼西郡《りょうせい》（旧遼東郡《りょうとう》）、中遼郡《ちゅうりょう》（旧遼東属国）、遼東郡（旧第四次楽浪郡《らくろう》北部）、玄菟郡《げんと》、第五次楽浪郡（旧第四次楽浪郡南部）、帯方郡《たいほう》の六郡を統治していた。そのうちの北朝鮮の西北部に位置する帯方郡を除く、五郡の地域は今のほぼ中国遼寧省《りょうねい》の地域である。

二三八年六月、魏と公孫氏の両軍が遼東で交戦した。八月、首都の襄平城《じょうへい》（現在の遼寧省遼陽市《りょうよう》）を魏が陥落させ、公孫淵《えん》が戦死したため、遼河以東にあった遼東郡・玄菟郡領域までもが、領民四万戸（三十余万人）とともに、魏王朝の支配するところとなった。

したがって、二二〇年の魏成立の時点で、魏の国境はまだ山海関《さんかいかん》付近に位置する長城付近である。その後もしばらくの間、遼河から山海関までは公孫氏の遼西郡・中遼郡が存在しているので、この山海関付近からが東夷伝の夫余《ふよ》国の書き出しとなった。さらに二三八年の時点から、魏の国境は、玄菟郡（郡治は遼寧省撫順《ぶじゅん》市）の統治国境までとなった。そのため、記載された夫余国の王都までの距離は、玄菟郡との境界（遼寧省と吉林《きつりん》省との境界付近）が起点となる。

夫余国《ふよこく》

夫余国は城塞《じょうさい》（山海関の近くの万里の長城）の北にある。その夫余国の国境は、魏が二三八年に新たに支配した玄菟郡（郡治は遼寧省撫順市）と接することになる。その玄菟郡と夫余国の国境から約五〇キロのところに、夫余国の王都（中心は吉林省輝《き》南《なん》県）はある。

夫余国の南の国境は高句麗国（第一次高句麗国）と接している。同様に、その東国境は挹婁《ゆうろう》国と接して、西の国境は鮮卑と接している。北に流れる河に松花江《しょうかこう》がある。

夫余国は輝南県の東西南北にかけて広がり、その面積は約一万平方キロメートル（方二千里）である。その領域は吉林《きつりん》省樺甸《かでん》市、磐石《ばんせき》市、輝南市、梅河口《ばいかこう》市の行政区域となっている。人口は四〇～五〇万人（戸数八万戸）で定住生活をしている。東夷の中で最も平坦で、五穀の栽培に適している。

高句麗国《こうくりこく》

正始年間（二四〇～二四八年）に、幽州《ゆうしゅう》の刺史《しし》毋丘倹《かんきゅうけん》が、高句麗国（第一次高句麗国）を征討した。毋丘倹は、玄菟郡（撫順市）太守の王頎《おうき》を夫余国（王都は輝南県）に派遣した。

高句麗国（第一次高句麗国）は、公孫氏が領有していた遼東郡（治所は遼陽《りょうよう》市）の東で国境が接している。その高句麗国の西南では第五次楽浪《らくろう》郡内にある朝鮮（遼寧省）と、東南では濊狛国《わいばくこく》（北朝鮮咸鏡南道、慈江道、平安南道）と、東では東沃沮国《ひがしよくそこく》と、北では夫余国とそれぞれ国境が接していた。

遼東郡の国境（遼寧省と吉林省の境界）から約五〇キロのところに王都の丸都《がんと》があり、高句麗国（大部分は吉林省内）の領域は、渾江《ふんこう》流域と鴨緑江《おうりょくこう》中流以北の地域である。

その面積は約一万平方キロメートル（方二千里）で、人口は一五〜一八万人ほど（戸数三万戸）である。その領域は吉林省通化《つうか》市（輝南市、梅河口市の輝友河流域は除く）、白山《はくさん》市八道江区（鴨緑江支流域）、白山市江源県（渾江流域）の行政区域である。

二四五年、魏軍は一万人の大軍を率いて公孫氏から奪った玄菟郡（撫順市）から高句麗国に侵入したが、位宮《いきゅう》は二万人の歩兵と騎兵を率いて沸流水《ふつりゅうすい》（渾江）のほとりで魏軍を迎え撃った。

さらに、高句麗国は騎兵五千を率いて進撃したがこれに失敗し、結果的には一万八千余人の死者を出して大敗し鴨緑原に潰走《かいそう》した。毌丘倹の軍はこれを追って丸都山に登り、高句麗の王都を攻撃した。位宮はわずかな手勢をひきつれて東沃沮国に逃れた。

毌丘倹は、玄菟郡太守の王頎に命じてこれを追わせた。王頎の兵は、粛慎《しゅくしん》（挹婁）との境界に至った。二四六年、ここに高句麗国（第一次王朝）は滅亡したのである。

東沃《ひがしよく》沮《そ》国《こく》

東沃沮国の王都は、高句麗国の東辺である蓋馬《がいま》大山（渾江流域と第二松花江《しょうかこう》流域の境界、長白《ちょうはく》山地の東部、大四方頂子－湾沟鎮－老梁子山）の東にあり、その王都は第二松花江の支流沿いの撫松《ぶしょう》市付近に比定できる。

「東部は大海（日本海）に沿っている。国の形が東北に狭く西南に長い」とは、日本海の海岸を東北に行くほど内陸方向の国境までの距離が短い、言い換えれば、咸鏡北道地区の東北部は狭いということである。また、その海岸は西南方向へは距離が長いという意味であろう。

東沃沮国の王都は、高句麗国の蓋馬大山の国境から約五〇キロの距離となる位置にある。東沃沮国の北の国境は、挹婁国、夫余国と接して、南の国境は濊貊国《わいばくこく》と接している。

東沃沮国は北沃沮と南沃沮に区分され、北沃沮は今の吉林省白山《はくさん》市（八道江区、江源県は除く）、延辺《えんぺん》朝鮮族自治州西南部および北朝鮮の咸鏡《かんきょう》北道全域に比定され、南沃沮は北朝鮮の両江道全域に比定できる。

戸数は五千戸、大君主というほどの者はなく、村々には「長帥」がいる。言語は大体高句麗国と同じである。

毌丘倹《かんきゅうけん》が高句麗国を討ち滅ぼしたとき、高句麗国王の位宮は東沃沮国に逃れた。毌丘倹は兵を進めて東沃沮国の王都（撫松市付近）を討ち破った。位宮はさらに北沃沮国の東部（咸鏡北道付近）に逃れた。

南沃沮は、北朝鮮の両江道、吉林省臨江市など鴨緑江支流域である。東沃沮国の中心地（撫松市付近）は、その鴨緑江支流域との流域境界（北沃沮西南部境界）から約四〇キロ離れている。

東沃沮国の風俗は、南沃沮と北沃沮の南北とも同じである。北沃沮の人々は、北接する挹婁国が海上（日本海および豆満江《とまんこう》）から侵略するのにおびえ、夏は山中の岩穴に隠れ、冬は村落に下って生活しているという。

挹婁国《ゆうろうこく》

挹婁国の長大な南部国境の東は、豆満江が東沃沮国との境界となり、その西隣りは第二松花江上流域と牡丹江《ぼたんこう》流域の境界が東沃沮との国境となっている。さらにその西では、夫余国と国境が接している。その挹婁国と夫余国の境界は、樺甸《かでん》市の北の境界がその国境であろうと考えられる。

夫余国の王都から東北方向の幹線道路に沿って挹婁との国境に至り、その国境を基点に挹婁の王都までは千里、約五〇キロである。したがって、挹婁の王都は現在の敦化《とんか》市から蛟河《こうが》市までのどこかであろう。

挹婁の領域は、ウスリー川流域および松花江の支流である牡丹江流域や拉林河流域などが含まれているのであろう。

挹婁国は、東が大海に臨み、西部国境は第二松花江を境に、鮮卑《せんぴ》と接しているのかもしれない。また北の国境はどこまで続くか判らないとあり、その北辺が松花江までなのか、黒龍江《こくりゅうこう》までなのかは全くわからない。言語は夫余国、高句麗国と同じではない。

帯方郡《たいほうぐん》

後漢末に、公孫氏によって第四次楽浪郡(注)の北半分に遼東郡が分置された。さらに、二〇五年ごろ、第五次楽浪郡（第四次楽浪郡の南部）の屯有県《とんゆう》（平安道）に帯方郡が設置された。

これによって、朝鮮半島北西部の平安道地域には、前漢末期に第三次楽浪郡の屯有県が置かれて以来、その屯有県がさらにいくつかの県に分けられ、その県名には第四次楽浪郡の北半分にあった県名（帯方、列口、長岑、提奚、含資、海冥）が用いられた。公孫氏がそのいくつかの県を帯方郡として統治したのである。

したがって、平安道地区に置かれた帯方郡内の六つの県名は、元々は遼寧省に置かれていた第四次楽浪郡の県名の名残《なごり》であり、公孫氏が帯方郡設置のときに消滅させることなくその名を移設させたのである。

［第一次楽浪郡は中遼《ちゅうりょう》郡付近。第二次楽浪郡は当初の四郡設置のときの真番《しんばん》郡（遼河の西部）および臨屯《りんとん》郡（遼河の東部・遼東半島）を併せた地域。第三次楽浪郡は旧真番郡が遼東郡に編入されたため、残余の旧臨屯郡に嶺東《れいとう》七県と屯有《とんゆう》県が加えられた地域。］

帯方郡を除く、第五次楽浪郡（遼東半島を含む第四次楽浪郡の南半分）の中国系住民の圧倒的多数は、燕《えん》の言葉を話していた。それまで遼寧省付近に在住の民（朝鮮族）が南方へと追われると同時に、入れ替わるように、その第五次楽浪郡の地には後漢からの民の流入があったのである。また、帯方郡設置に伴い濊狛《わいばく》族はここから南方へ流出したのであろう。公孫氏は遼河の東に新たに遼東郡（第四次楽浪郡の北半分）を置き、この地を支配するとともに、その南の地方豪族に支配されていた地域を第五次楽浪郡地域として復興したのである。

しかし、二三八年八月に魏が公孫淵を討ち滅ぼした。高句麗国は、千人の将兵を派遣した。魏が第五次楽浪郡、帯方郡の二郡を攻撃するときに、高句麗国は公孫淵の討伐を側面から支援したのである。

（注）楽浪郡の変遷

前漢および後漢時代に楽浪郡治およびその領域は、遼寧省にあって、省内で西から東に順次変遷している。

第一次楽浪郡領域（紀元前一〇八年～）は、渤海湾の北部。

第二次楽浪郡領域（紀元前八二年〜）は、渤海湾の東北部。

第三次楽浪郡領域（紀元前五〇年〜）は、渤海湾の東部（遼河以東、吉林省の一部、北朝鮮西北部を含む）。

第四次楽浪郡領域（三〇年〜）は、前時代の領域から吉林省の一部にあたる東部都尉《とい》および北朝鮮西北部にあたる屯有県が自立し、遼河以東の遼寧省域に縮小。

第五次楽浪郡領域（二〇五年〜）は、第四次楽浪郡領域の北部に遼東郡が設置され、その領域は半減している。

濊狛国《わいばくこく》

濊狛国は、今の北朝鮮の咸鏡《かんきょう》南道、平安南道（大同江以東）、慈江道の領域であろう。その南は辰韓《しんかん》、北は高句麗国、南沃沮（両江道）と接し、東は大海（日本海）に面している、とある。

鴨緑江の南には、第三次楽浪郡の屯有県が平安道にあった。前漢末期、濊狛国の西部の地が屯有県として支配されたことがあったのであろう。この屯有県も鴨緑江以北の東部都尉《とい》に支配されていたのであろう。しかしその後、この東部都尉も廃止され、鴨緑江を渡り濊狛国地域に流入してきた濊の有力者を侯としてその地を治めさせた。今（西晋時代）の不耐濊侯《ふたいわい》はその子孫である、とある。

二四五年、楽浪太守の劉茂《りゅうも》、帯方太守の弓遵《きゅうじゅん》は、高句麗国と関係の深い東部の濊狛を征伐し、不耐侯たちは降伏した。二四七年、魏に濊狛国が朝貢に来たので、改めて王を不耐濊王に任命し

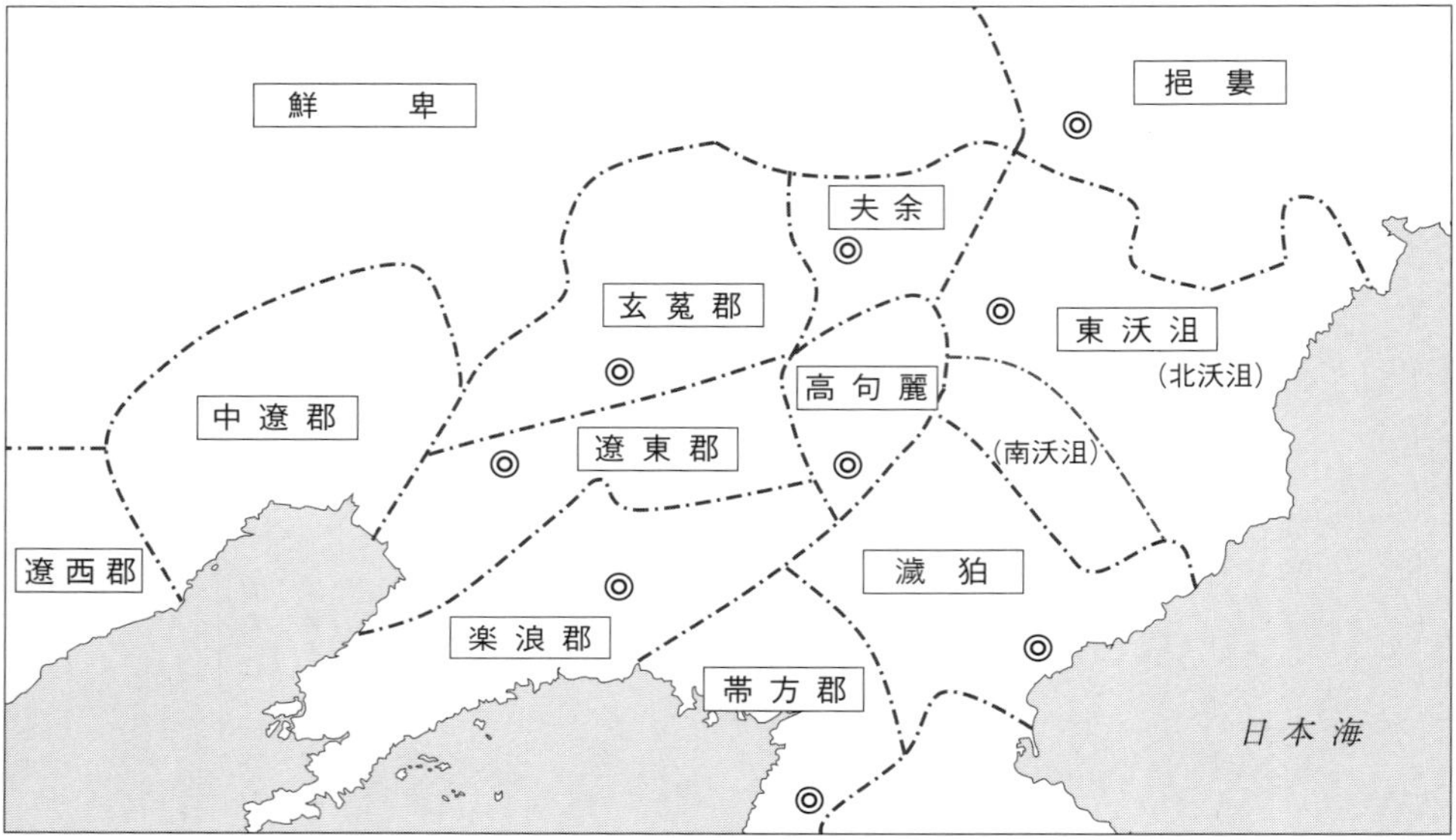

図14　東夷諸国

た。楽浪、帯方郡が戦争を行うとき、賦税や労役を濊狛国からも差し出される、とある。（図14参照）

馬《ば》韓《かん》

韓《かん》は、帯方郡（郡治は平壌）の南にあり、東西が海、南が倭と接している。

その領域は、現在の黄海道、京畿道、忠清道、江原道が当てはまる。広さは面積四、五万平方キロメートル（方四千里）程度である。

韓には、馬《ば》韓《かん》、辰《しん》韓《かん》、弁《べん》韓《かん》の三種があり、辰韓は昔の辰国であると記している。したがって、馬韓は西にあることから、黄海道や京畿道の漢江以西に位置するのではないかと考える。

遼寧省付近および帯方郡付近の朝鮮・濊狛族が倭人地域に流入して、韓族、すなわち三韓がそれぞれ形成された。

辰《しん》韓《かん》と弁《べん》韓《かん》

辰韓は馬韓の東にある。京畿道漢江の東になるだろう。辰韓には城柵があり、言語は馬韓と同じではない。はじめ六国であったが、次第に分かれて一二カ国になった。弁韓も一二カ国、弁韓・辰韓合わせて二四カ国である。

3

倭国と会稽郡および東海郡の位置関係

『魏志』倭人伝の記述に「その道理を計るに、当《まさ》に会稽《かいけい》の東冶《とうや》の東にあるべし」とある。この「東冶」については、「東治《とうち》」の誤りとする説もある。『後漢書』に「東治」とあるからだ。しかし私は、倭国と魏・呉の地図を白紙的に対比すれば、倭国の南は呉の会稽郡が対応し、倭国の北は魏の東海郡が対応しているので、文脈から、東冶は東海の誤りで、これは東海郡を指していると推察している。

そもそも、『漢書』地理志の会稽郡は江蘇《こうそ》省長江《ちょうこう》以南と浙江《せっこう》省の地域にあり、次の二六県が属していた。

呉、曲阿、烏傷、毗陵、余曁、陽羨、諸曁、無錫、山陰、丹徒、余姚、婁、上虞、海塩、剡、由拳、大末、烏程、句章、余杭、鄞、銭唐、鄮、富春、冶、回浦。

会稽東冶を会稽郡東冶県と解釈する説は成立しにくい。前漢時代、冶県はあるけれども東冶県は存在せず、後漢時代にも見当たらない。

呉のときは、会稽郡がいくつかの郡に分かれていった。その会稽郡、東陽郡、新安郡、臨海郡と分かれた時点の会稽郡には、次の一〇県が属している。

山陰、上虞、余姚、句章、鄞、鄮、始寧、剡、永興、諸曁。

この場合も呉ののちの西晋時代にも、会稽郡の中に東冶県は見当たらない。東冶が呉時代の会稽郡に属する県の意味の場合、「会稽（郡）東冶（県）の東にあるべし」と記述されていなければならない。しかし、呉時代に前漢時代の冶県も消滅しているのである。

結局、会稽郡東冶県であると解釈するための会稽東冶は、誤字の可能性が高いのである。「会稽郡の東」とするだけでも倭国の位置を対比するには小さすぎるのに、さらにそれよりも狭い位置を対比することになる「東冶の東」とするはずがないからでもある。

漢代に会稽郡があった東には、三国時代においては南から順に裸国、侏儒国、投馬国が対応している。

『漢書』地理志の会稽郡の北には臨海郡《りんかい》があった。臨海郡は現在の江蘇省のうちほぼ長江以北の地域である。この地域は三国時代にほぼ魏の領域となっている。この臨海郡の東に、南から邪馬台国、末盧国、伊都国、奴国、不弥国、一支国が対応している。

この郡のさらに北には、東海郡《とうかい》が位置している。東海郡は山東省南部地域であり、その南端は

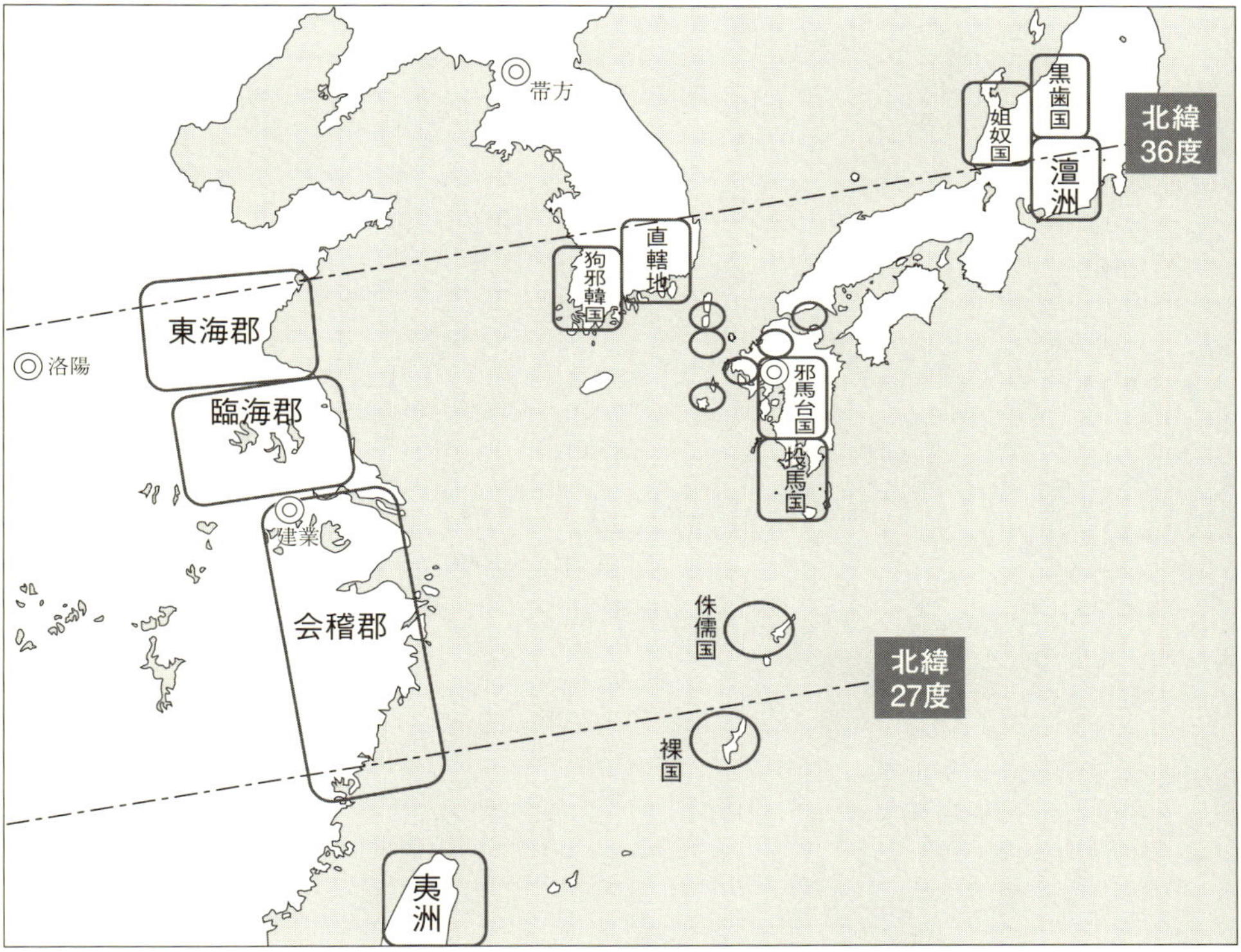

図15　後漢時代の旧郡名と倭国諸国の対比

江蘇省との境界付近である。

東海郡は前漢時代の高帝のときに三八県が置かれた。東海郡の北辺には、現在の山東省南部付近に郯《たん》県（郯城市）、山東省中部付近に博県（泰安市）などがあったとされる。

東海郡の東には、南から対馬国、狗邪韓国が対応している。

地図上では会稽郡南部が北緯二七度から、東海郡北部が北緯三六度まで、倭国の概略の位置は白紙的に沖縄本島から福井県に相当する。「会稽東冶の東」は、会稽郡と東海郡の間の東に倭国が位置していることを述べているため、「東治」の「治」は「海」の誤りであったと解釈するべきであろう。

また、『魏志』倭人伝の冒頭には、「倭人は帯方の東南大海の中」にあるとされるので、平壌《ピョンヤン》から東南を中心にすると、倭国の領域は帯方郡治の東方向から南方向の範囲に広がることになる（図10・15参照）。

4 順次法、伊都国放射状法、一支国放射状法
——三法の比較

ここまで、一支国放射状法《いきこくほうしゃじょうほう》を提言したことにより、東夷伝や倭人伝（倭人の条）に記された各国の位置を、新たに現在の地図上に比定することができた。

ここで、従来の順次法および伊都国放射状法と、私の提案する一支国放射状法とを比較して、その違いを確認しようと思う。

明治四三（一九一〇）年に発表された、白鳥庫吉《しらとりくらきち》の論文「倭女王卑弥呼考」が九州説。同年の内藤虎次郎《ないとうとらじろう》の論文「卑弥呼考」が畿内説。この邪馬台国論は、いずれも順次法を基礎に論争が始まっている。したがって、順次法の代表的な提言は、この白鳥庫吉の九州説と内藤虎次郎の畿内説を取り上げなければならない。

また、伊都国放射状法は、昭和二（一九二七）年に解釈の先行論文を書いた安藤正直《あんどうまさなお》などがあげられるが、代表的な提言は昭和二二（一九四七）年の『学芸』に掲載された、榎一雄《えのきかずお》の論文

「魏志倭人伝の里程記事について」の九州説であろう。

邪馬台国が日本地図に収まるように解釈しようとすれば、自ずと白鳥説のように、不弥国を起点にして、投馬国と邪馬台国の方向をどちらも南とする一方、邪馬台国までの距離について、「南水行十日陸行一月」のうちの「陸行一月」の距離の部分を「陸行一日」の誤り、と主張しなければならない。

それでなければ、内藤説のように、「投馬国まで南へ水行二十日」のうちの「南へ」が「東へ」の誤り、「邪馬台国まで南水行十日陸行一月」の「南」が「東」の誤りと、それぞれの方位が誤りであると主張しなければならない。

どちらかでなければ両者とも論が成立しないことになる。

これに対して、誤字として取り立てて主張しなくてもよいのが、伊都国放射状法である。放射状に距離が広がるため、順次法のようにいくつかの国が地図上から突出してしまうことを緩和できるからである。

順次法と比較して、伊都国－奴国（百里）、奴国－不弥国（百里）、不弥国－投馬国（水行二十日）の合計が、水行二十日陸行二百里であり、この分を短縮できる利点があった。また、伊都国を起点にし邪馬台国までを南へ水行十日陸行一月とすることができる。

この伊都国放射状法と同程度に、邪馬台国や投馬国を九州地図に収まるように解釈できるのが、一支国放射状法である。放射状の起点を伊都国よりも東北の一支国にもどすことで、榎説の伊都国放射状法の欠点をいくつか解消できる。

その伊都国放射状法の欠点を邪馬台国の位置にずれを生じさせる要因の大きな順に列挙すると次のようになる。↓の記号以降に、一支国放射状法の場合の解釈を記述し、その違いを明示する。

①「南、水行十日陸行一月」（水行すれば十日、陸行すれば一月）が、伊都国放射状法では伊都国から邪馬台国までの全行程である。

また伊都国から南水行二十日では邪馬台国の南に投馬国が位置する。投馬国の比定地が鹿児島・宮崎県。

邪馬台国と投馬国の中間に、男王国の狗奴国が存在する。

↓一月は一日の誤り。陸行一日は邪馬台国の海岸からその王都までの行程。

一支国から南水行二十日では邪馬台国の南に投馬国が位置し、その比定地が鹿児島・宮崎県。

狗奴国は、奴国（山城国）の南、その比定地は奈良県および大阪府。

②帯方郡治から女王国（邪馬台国と解釈）間が一万二千余里。そのうち、帯方郡から伊都国間が一万五百余里。

伊都国から邪馬台国まで残り一五〇〇里。末盧国から伊都国間の五〇〇里との比例関係から見て邪馬台国は北部九州。

伊都国から邪馬台国までの日数については、一五〇〇里を歩行一日五〇里（『唐六典《とうりくてん》』による）で割ると三〇日（陸行一月）。水路では伊都国から西回りして有明海を北上して三〇〇キロ余り。水行一〇日で割ると一日あたりの水行距離は三〇キロである。

↓「帯方郡治から女王国まで」の「女王国まで」とは、「邪馬台国まで」との意味ではない。「帯方郡治から女王国まで」とは「女王国直轄地まで」との意味で、帯方郡の郡境から女王国の国境までが一万二千余里の意味。

伊都国の隣国は邪馬台国。水路では一支国から邪馬台国まで二〇〇キロ余り。水行一〇日で割ると一日あたりの水行距離は二〇キロほどである。

③ 狗邪韓国から伊都国に着くまでは、「方位、距離、至（到）地名」の記述順で直線行程。

伊都国以降は、「方位、至地名、距離」の順で放射状行程としている。

↓各国とも「方位、水行距離、至国名、陸行距離、到王都名」の順で記述（「到」と「至」の用法の違いがある）。

榎説も「陸行一月」が「陸行一日」の誤りとの可能性を否定していない。①の場合、榎説は伊都国から水行十日で長崎県本土の西を回って有明海を北上し、菊池川の河口・筑後川の河口付近の港に着岸して、陸行一日の位置が女王のいる所である。もし陸行一月が陸行一日の誤りでないならば、「水行すれば伊都国から十日で同様の港に到着、陸行すれば伊都国から陸行一月で女王のいる所に到る」の意味にとっている（本書七五ページ、図16参照）。

比定地は筑後山門、または肥後の山門としている。ところが、榎説は「陸行すれば一月」をあまりにも短く解釈しすぎている。伊都国から筑後山門までの距離七〇キロほどを、陸行一月としている。唐代の一日五〇里は一里五六〇メートル×五〇里で二八キロになる。一月では八四〇キロになるので、伊都国から南に陸行一月は成立し得ない。

成立させるには、あくまでも邪馬台国は、起点となる国から南に水行十日陸行一日でなければならない。

また、『魏志』倭人伝では狗奴国は重出国の奴国の南に位置しており、この奴国は邪馬台国とは「遠絶な地」にある位置関係なので、当然、邪馬台国と狗奴国とも遠絶な位置関係である。したがって、邪馬台国が九州に位置するのであれば、狗奴国が九州にあるとは思えない。また、邪馬台国と投馬国は大国であり南北の関係にある。さらには両国間の道里が明らかで、かつ両国間に他国名がないことから、両国は隣接国である可能性が高い。

②項目では、「帯方郡治から女王国まで」を、「帯方郡治から邪馬台国まで」と解釈していることが、一支国放射状法と比較すれば問題である。『三国志』の著者陳寿が「女王国」をどのような意味で使用しているのか、もっと考えてみる必要がある。

「女王国」とは、卑弥呼を倭国王として共立した国々を指し、それは二九カ国の複数の国々を指している。共立されて倭国王となった卑弥呼が女王国諸国を統治している。邪馬台国でさえも男弟王が統治している可能性もあり、邪馬台国も女王国の構成国の一つと解釈できるので、邪馬台国だけを女王国と限定するのは早計ではないだろうか。

繰り返すことになるが、倭国の中で女王国諸国に属していない国が、狗邪韓国、狗奴国、侏儒国、裸国なのである。

まず帯方郡から「至倭国」とあることから、倭国の国境地点までの方向が詳しく述べられている。韓国諸国と倭国の国境地点とは、韓国諸国と狗邪韓国との国境地点のことでもある。

次に水行距離が記述されており、それは、郡境である黄海道海岸南端から倭国構成国の最初の国である狗邪韓国の王都の北岸までであり、それが七千余里である。

倭国構成国の二番目の国は対馬国であり、この国が直轄地を除けば最初の女王構成国でもある。したがって、「郡より至女王国」とは郡から対馬国境までの一万二千余里を意味することになる。

しかし、朝鮮半島に女王国領域がある可能性も否定できない。その場合、狗邪韓国の東南端が女王国の国境地点となり、郡境からこの国境までが一万二千余里という意味になる。ということは、狗邪韓国の王都から狗邪韓国の東南端までは五千里ほどとなる。

最初の女王国は、対馬国か、狗邪韓国の東隣の国か、いずれかと問われたら、私は狗邪韓国の東隣の国（領域）と答えたい。理由は、『日本書紀』の神話とその後のこの領域（加耶）の歴史からである。しかし、ここではそのことは詳述せず道里に関することに留めたい。

このような女王国の位置のとらえ方をするならば、榎説などが主張する、郡から女王国までの解釈を邪馬台国までの距離ととらえ、これを一万二千余里とするのは、無意味となる。

一支国からの放射状法では伊都国と邪馬台国との関係位置は筑後川を挟んで隣国の関係にある。

③項目では、伊都国放射状法が成立する前提として、記述の順序の違いについて述べている。伊都国からの傍線（放射状）行程がそれぞれに至る方位と距離を示すとしているが、地名と距離の記述順序の違いがどれほどの説得力があるというのだろうか。

放射状の起点となる地点から、まず方向が先に示されるのは当然のことと思うが、それは放射状であると否とを問わず、ほぼすべての国の説明が方向から記述されている。また、郡から狗邪韓国に到る行程が直線行程にもかかわらず「方位、地名、距離」となっているのは多数の人が指摘しているところでもある。

方位のあとに距離と地名のどちらが先に来るかは、放射状法、順次法の区別とはならない。それよりも距離に二種類あり、また「至る」と「到る」の違いにもっと注意を向けるべきであろう。
一支国放射状法では、すべての行程で原則「方位、水行距離、至国名、陸行距離、到王都名」が記述されて、前と同様の里程などになる場合、その項目が省略されていると解読すべきとする。一支国から末盧国、伊都国、奴国、不弥国まではそれぞれ原則的に方向が示されたあと、同じ「又一海を渡る（水行）千余里」が記述される。この表示法では、一支国からそれぞれの国へは放射状に記述されていると読みとることができる。

しかしながら、末盧国までを方向が記されていないのは、「また南北に市糴す」、「又南、一海を渡る（水行）千余里、至一支国」を受けて、南が省略されているためであることが読みとれる。同様に、末盧国までの「又一海を渡る（水行）千余里」を受けて、伊都国、奴国、不弥国までの水行千余里が省略されていることが読みとれる。

また「東行、至不弥国百里」は、原文に沿って読めば、「東、渡一海水行千余里、至不弥国、陸行百里、到王都」の意味である。

「至国名」の前に水行距離が記述してあれば、それは国境までの水行距離、もしくは王都入口までの水行距離である。「至国名」のあとに水行距離が記述してあれば、それは王都入口までの水行距離である。「至国名」の後に陸行距離が記されたら、それは王都入口から王都までの陸行距離である。

さらに、最初の「至倭国」の後に方向が示され、続いて「到其北岸狗邪韓国七千余里」は、「至倭国」のずっと後に水行距離七千余里が記述されているので、この七千余里は郡境から狗邪韓国の王都入口までの水行距離であることがわかる。さらに、王都までの陸行距離については「到其北岸狗邪韓国」と記述されているため、到着地点そのものが王都であり、北岸は王都の北岸を意味、王都までは陸行○里を意味している。

伊都国放射状法よりも、一支国放射状法で解決するほうがより整合性があり、邪馬台国の位置についても九州の地図にもっと収まりがよくなるものと思う。（本書七六ページ、図17参照）

表3　順次法と放射状法による解読比較

提唱者	提唱時期	法則	誤字	陸上の一里	一支国から邪馬台国までの距離	邪馬台国の広さ（王都の比定地）	重出国の奴国	狗奴国	卑弥呼
白鳥庫吉	明治四三（一九一〇）年	順次法（九州説）	陸行一月°→陸行一日°	一六六～一七三m	三千余里＝千余里＋五百里＋百里＋百里＋千三百余里	肥後国→福岡県山門郡（瀬高町女山神籠石遺跡近く）	九州内	阿蘇・球磨（熊襲）	崇神天皇と同時代に九州に存在
内藤虎次郎	明治四三（一九一〇）年	順次法（畿内説）	南°へ水行二十日（十日）→東°へ水行二十日（十日）		千七百余里＋東へ水行二十日（山口付近）＋東へ水行十日陸行一月（山陽道途中から陸行する。）	畿内（奈良県大和）		九州南部（熊襲）	倭姫命神功皇后
榎　一雄	昭和二二（一九四七）年	伊都国放射状法（九州説）		（歩行一日五〇里）	千六百余里＝千余里＋五百里＋南へ水行十日（または陸行一月）	福岡県山門郡（柳川市内）			
中村隆之（筆者）	平成一八（二〇〇六）年	一支国放射状法（九州説）	陸行一月°→陸行一日° 東治°（東冶）→東海°	五二・一m（三六歩）	水行十日陸行一日	中北部九州（熊本県中北部内）	山城国	奈良県・大阪府	二代目天照大神月読尊の姉

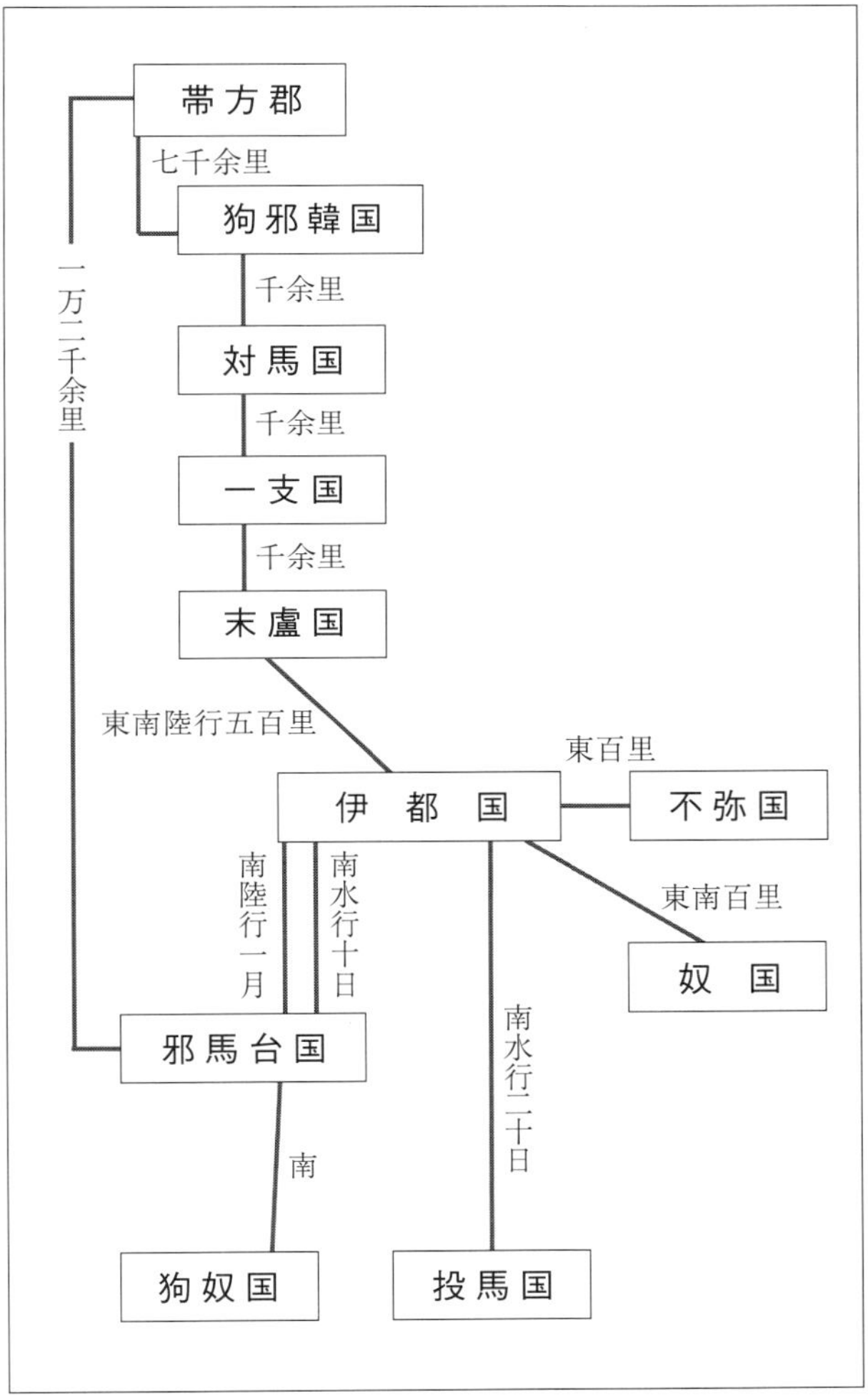

図16　伊都国放射状説（榎説）

大和勢力の九州進出時期	備考
成務天皇の時代	邪馬台国と投馬国の起点は不弥国
	榎一雄と同じく放射状法 提唱者＝豊田伊三美、安藤正直
天智天皇の時代	

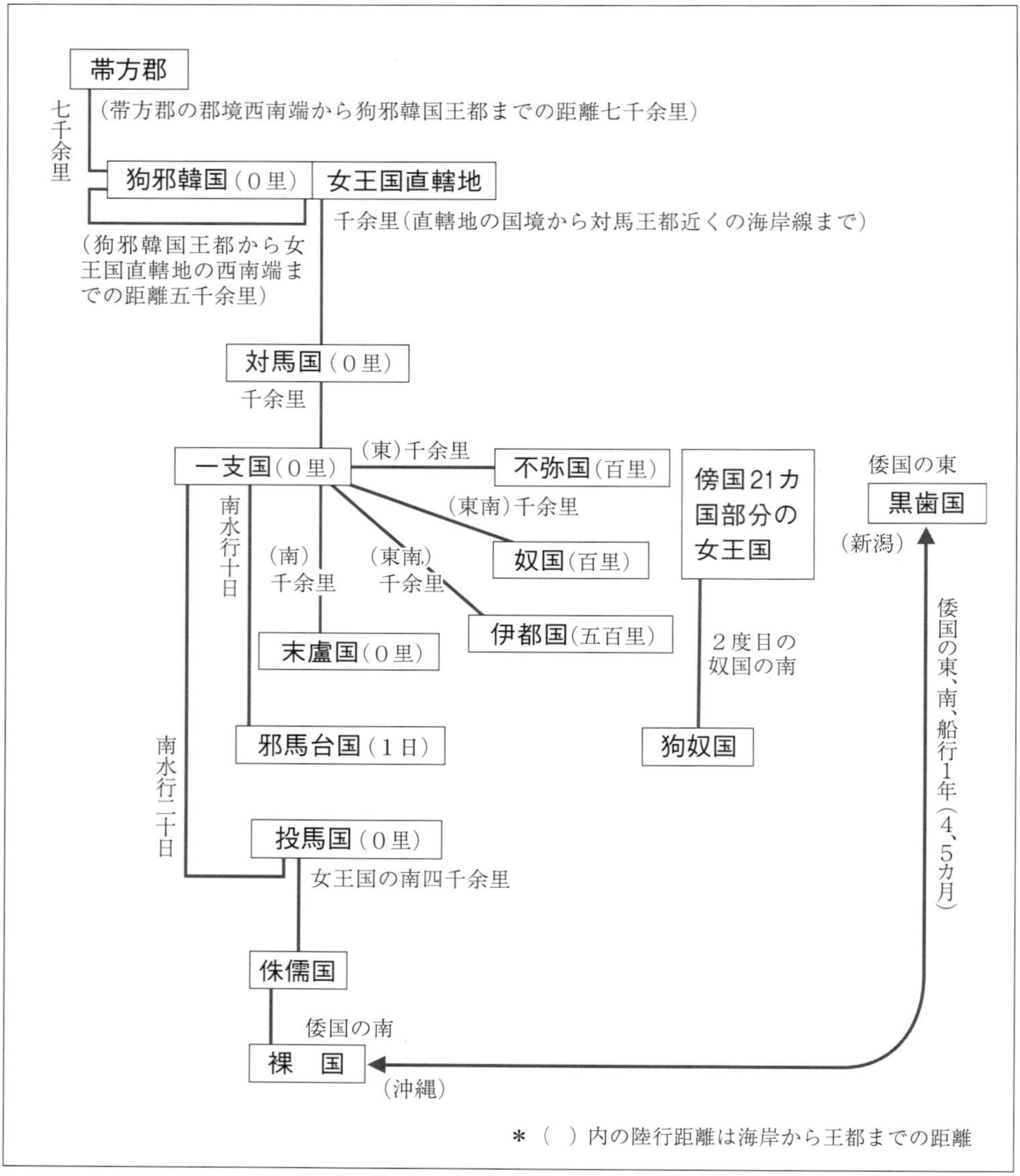

帯方郡
七千余里
（帯方郡の郡境西南端から狗邪韓国王都までの距離七千余里）
狗邪韓国（０里）
女王国直轄地
（狗邪韓国王都から女王国直轄地の西南端までの距離五千余里）
千余里（直轄地の国境から対馬王都近くの海岸線まで）
対馬国（０里）
千余里
一支国（０里）
（東）千余里
不弥国（百里）
（東南）千余里
奴国（百里）
（南）千余里
末盧国（０里）
（東南）千余里
伊都国（五百里）
南水行十日
邪馬台国（１日）
南水行二十日
投馬国（０里）
女王国の南四千余里
侏儒国
倭国の南
裸　国
（沖縄）
傍国21カ国部分の女王国
２度目の奴国の南
狗奴国
倭国の東
黒歯国
（新潟）
倭国の東、南、船行1年（4、5カ月）
＊（　）内の陸行距離は海岸から王都までの距離

図17　一支国放射状説（中村説）

5 女王国および女王の解釈と定義

女王国および女王については、その定義をもっと補足する必要がある。『魏志』倭人伝には、女王国の記述が五カ所、女王の記述が五カ所の合計一〇カ所ある。それぞれの記述をとりあげ、考察したい。↓の記号のあとに、女王国および女王の解釈を明示した。

① 伊都国の項目の中の「世ゝ王あるも、皆女王国に統属す」↓倭国

この伊都国の王とは、世襲してきた代々の王のことである。伊都国の代々の王が皆女王国に統属されてきた、とはどういう意味であろうか。女王国も代々女王を共立し続けてきたわけではない。なぜなら、「その国、本また男子を以て王となし、住《とど》まること七、八十年」とあるように、倭国は女王共立以前に、男王が倭国を統治しているので、この場合の女王国は、女王国諸国全体の連合体、もしくは「倭国」を指しているというべきであろう。

②「南、邪馬壱《(台)》国に至る、女王の都する所、水行十日陸行一月」→女王個人（倭国王）

この部分は、「方位、至、国名、（到）都、水行距離、陸行距離」の順に記述され、国境の方向およびその王都の位置が明示されている。邪馬台国の中に倭国の女王がいるということは、倭国の王都が邪馬台国に在ることを示している。邪馬台国の王は、卑弥呼を補佐している男弟王であろう。倭国王の卑弥呼は男弟王が統治する邪馬台国の王都にいる。倭国の王都は、邪馬台国の王都でもある。邪馬台国は女王を共立した国でもあり、女王国の一つでもある。

③「女王国より以北、その戸数・道里は得て略載すべきも」→投馬国

ここに、記述された「女王国」とは投馬国のことであり、その北には邪馬台国があり、投馬国の南には侏儒国がある。

九州の地図の中に存在する女王諸国は、対馬国、一支国、末盧国、伊都国、奴国、不弥国、邪馬台国、投馬国であることが確定すれば、遠絶な地にある女王国諸国は中国・四国以東に二一カ国が存在するはずである。

④ 二一カ国の最後に重出国の奴国が記述されたあとの、「これ女王の境界の尽くる所なり」

→女王国諸国、奴国

この「女王の境界」とは「奴国の境界」でもある。女王国諸国の最も遠絶な東に奴国（山城国）が位置する。また、この女王とは女王国諸国（全体の領域）を意味し、その境界とは女王国諸国の領域の境界でもある。

⑤「その南に狗奴国あり、男子を王となす。〔中略〕女王に属せず」→女王国諸国

奴国の南にあるのが狗奴国である。実際に女王国諸国の中で最も東に位置している国はどこか。女王国諸国の記述が三つのグループに分けられて、それぞれ東へと順に国名が記述されている可能性が高い。その一つの山陰・北陸道グループの最後に記述された姐奴国が石川・富山両県域に比定される。それで三つのグループの中ではここが最も東に位置している（本書四三ページ、図12参照）。

奴国は、二グループの山陽道沿いに順に東へと記述された東端の国であり、それは山城国に比定される。その奴国の南の狗奴国は女王国諸国に属してはいないと記述されている。狗奴国は卑弥呼を女王として共立しなかった国である。また、狗奴国は、『日本書紀』神武紀に記述された「はるかに遠い、まだ王化にうるおっていない、東の方の美しい国」である。

⑥「郡より女王国に至る万二千余里」→伊都国の直轄地

「女王国」の定義を「女王を共立した諸国」ととらえれば、最北端の女王国として記述されているのは対馬国ではあるが、その北に伊都国の直轄地が存在している。その西では狗邪韓国に接している。ここまでが女王国諸国の領域の境界でもある。

⑦「女王国より以北には、特に一大率《いちだいそつ》を置き、諸国を検察せしむ」→伊都国

この女王国とは、女王を共立した伊都国を指すことになる。伊都国よりも以北の統治のために、倭国は伊都国に一大率を置き、狗邪韓国や韓国諸国などに睨《にら》みを利かしている。魏から派遣された郡使に対してさえも、一大率は刺史《しし》のような権限をもって対応しているという。

⑧「皆津に臨みて捜露し、文書・賜遺の物を伝送して女王に詣らしめ、差錯するを得ず」

→女王個人（倭国王）

この女王は、そのまま女王自身のことであり、倭国王自身のことである。

⑨「女王国の東、海を渡る千余里、また国あり、皆倭種なり」→鬼国《きこく》、または女王国諸国の東端

この女王国は、三グループ目の南海道沿いの東端の国である鬼国である。鬼国は和歌山県およ

び三重県の志摩半島の領域に比定できる。この志摩半島から伊勢湾および三河湾を対岸に渡ると千余里で澶洲《せんしゅう》の王都入口に至る。その王都は愛知県蒲郡市《がまごおりし》（東三河）付近であろう。

⑩「また侏儒国《しゅじゅこく》あり、その南にあり。人の長《たけ》三、四尺、女王を去る四千余里」

↓投馬国または女王国諸国の最南端

この女王は、女王国諸国のうちの一つである投馬国のことを意味している。また、女王国諸国全体の最南端をも意味する。

女王国の定義は、「倭国」、「女王を共立した諸国の連合体」、「その女王諸国のうちの一国」に区分できる。また、女王の定義は、女王国の定義を含むほかに「女王個人」、「倭国王」の区分が追加されることがわかる。

6 現在の九州各県を順次法で解釈

現在の九州各県の地理情報を『魏志』倭人伝の記述形式にあてはめて、これを順次法のような解釈をしてしまえば、結局のところ九州各県は歪《いびつ》な位置に比定されてしまう。

表4 現在の九州各県の地理情報を『魏志』倭人伝の記述形式にあてはめたもの

県名	県庁	港湾	方向（壱岐原の辻から港、もしくは最短県境〔海岸地点〕まで）	水行距離（壱岐原の辻から県庁に近い港までの距離）	陸行距離（県庁に近い港から県庁までの距離）	人口の概数（二〇〇〇年現在）
長崎	長崎市	長崎港	南：県境（北松浦半島）	一三〇km	〇・四km	一五〇万人
佐賀	佐賀市	唐津港	東南：港	四二km	四八・〇km	九〇万人
福岡	福岡市	博多港	東南：港	六〇km	一・五km	四九〇万人
熊本・大分	熊本市	熊本港	南：県境（天草下島）	二三〇km	一一・五km	三一〇万人
宮崎・鹿児島	宮崎市	宮崎港	南：県境（長島）	五〇〇km	一・四km	三〇〇万人

表4の地理情報を使用し、『魏志』倭人伝の類似文にすると、次のような文になる。

①　また一海を渡る一三〇キロ、長崎県に至る。一五〇万人がいる。山海に浜《そ》うて居る。
②　東南、陸行四八キロにして、佐賀県に到る。九〇万人いる。
③　東南、福岡県に至る。一・五キロ。四九〇万人いる。
④　南、宮崎・鹿児島県に至る。水行五〇〇キロ。三〇〇万人いる。
⑤　南、熊本・大分県に至る。女王の都するところ水行二三〇キロ。三一〇万人。

（宮崎県、鹿児島県の二県を宮崎・鹿児島県の名称で一県として扱った。熊本県、大分県についても同様。）

これを順次、書いてある通りにたどると、次のようになる。

①　壱岐島から一海を渡ると一三〇キロで長崎県に至る。一五〇万人いる。山裾や海岸に沿って居住している。
②　長崎県庁から東南の方向に陸行四八キロで、佐賀県に到るはずである。しかし、長崎県庁

の東南方向は海上となるので、これは方向の誤記であるか、あるいは県庁から最初東南に歩き始めることになるので、著者が「東南」を「東北」と見誤ったのではないかなど、これまで『魏志』倭人伝を解釈するときに行われた手法が用いられることになる。何らかの間違いが生じて方向が九〇度ずれて認識されたのであろうと解釈される。それで東北に四八キロ陸行すると鹿島市に到る。ここが佐賀県である。

③ 鹿島市から東南方向に一・五キロ行っても、福岡県の人口を許容できる広さがないので、東北に一・五キロの地点の有明町以北を含む地域が福岡県となるのだろう、と比定していくことになる。

④ 宮崎・鹿児島県は、有明町から南の方向に水行五〇〇キロの地点にあるので奄美大島付近にたどりつく。三〇〇万人いる。

⑤ 同じく、熊本・大分県は有明町から南に水行二三〇キロほど行くと、鹿児島市付近に比定される。三一〇万人いる。

あるいは、熊本・大分県は、奄美大島（宮崎・鹿児島県比定地）基点からだと、南に水行二三〇キロほど行くと、沖縄本島になる。三一〇万人いる。

ここでは、あえて里数問題、日数問題を避けるために、距離単位をキロで表示した。

里数換算をする必要がないのに、それでも順次法で歪な位置比定になる理由は、邪馬台国や投馬国の方向や距離だけに問題があるわけでないことが、わかってもらえたのではないだろうか。

このように、距離においては、水行距離と陸行距離の違いを知る必要があり、またその起点と終点の定義を理解する必要があったのだ。

方向も、起点はどこか、終点はどこかが重要である。起点が同じであれば放射状になり、次出国の王都を起点にしていけば、順次法となる。どちらであるかは、現実の地形・地理が判定してくれるのである。

人口はその領域を推定するのに役に立つ。狭い場所で人口密度が高かったと解釈する場合、それには人口が集中しやすい地理的条件があるはずである。しかし、その条件を超えて、狭い地域に人口密度を高くして比定するには限度がある。

7
邪馬台国内の地理はもっと明らかにできないのか

邪馬台国内の地理をもっと明らかにするためには、『魏志』倭人伝の記録だけでは限界がある。しかし、『魏志』倭人伝と両輪をなすほどの記録が『日本書紀』には記述されている。『魏志』倭人伝の記述から邪馬台国の範囲が概定できれば、『日本書紀』の記述を参考にその範囲の地名情報をいくつか得ることができる。それでは邪馬台国の時代にもっとも近いその地名情報はどこに記述されているかといえば、景行天皇紀の九州遠征の箇所である。

景行天皇の九州遠征は、『古事記』には全く記述されておらず、『日本書紀』だけに記述されている。この記述はもともと、大国主尊《おおくにぬしのみこと》、少彦名命《すくなびこなのみこと》の連合軍による九州遠征の時期、すなわち、二四三年から二四八年までの時期の記述であったものを、『日本書紀』の編纂者が景行天皇紀の九州遠征として、景行天皇紀に挿入したものであると解釈できる箇所である。

この解釈を前提とすれば、邪馬台国内の地理をもっと明らかにできる。倭国のうち、邪馬台国、投馬国などの大国の地方組織についてその地理情報を知ることができるのである。

この邪馬台国の地方組織は、国県《くにあがた》制度をすでにとっていたのではないかと推察できる。邪馬台国内の国県制度からは、その県名に八県が現出している。

表5　邪馬台国内の県名

県名	地域	律令時代以降の郡名
長狭《ながおの》県	豊前全域	田河、企救、京都、築上、仲津、宇佐、下毛、上毛
直入《なおりの》県	豊後全域	日田、球珠、直入、大野、海部、大分、速見、国崎
熊《くまの》　県	肥後南部	球磨、芦北
八代《やつしろの》県	肥後中南部	八代、天草、宇土
高来《たかく》県	肥前西南部	北高来、南高来、西彼杵、東彼杵
八女《やめの》県	筑後南部	八女、三池、山門
水沼《みぬまの》県	筑後北部	（久留米以北）御原、生葉、竹野、山本、御井、三潴
岡《おかの》　県	筑前東部	田川、嘉穂、鞍手、遠賀

邪馬台国の中心地と見られる肥後（熊本県）の北半分については、その県《あがた》名が見当たらず空白地帯となっている。ここは一つか二つの県名があってもおかしくない地帯でもある。

また、景行天皇紀のこの記述箇所には県名のほかに国名が混載されている。その混載の理由の一つには次のようなことが考えられる。

二四三年から始まる大国主尊（斯馬国王《しまこくおう》）を擁立した狗奴国《くなこく》・斯馬国連合軍による九州遠征によって、二四八年までに邪馬台国は占領された。そのため、国県制度と異なる国名が混載されているのは、邪馬台国占領後に分割統治のために新たに国が造られ、その一時的な国名が、火国《ひのくに》、阿蘇国《あそこく》、御木国《みけこく》、八女国《やめこく》などの地名ではないだろうか。七二〇年（『日本書紀』成立）当時もその国名であったのかどうかはわからないが、二四八年以前の地方制度だけを考える場合、これら国名は異質なものとして除外できるのであろう。

いずれにしても、邪馬台国の範囲に概定した地域に、国県制度の県名をあてはめた結果、熊本県の北半分は県名が欠落している地域であることがわかる。この地域は、邪馬台国の中心地域でもあり、水行して川尻に着いてから、この地域のどこかに倭国の王都が存在していた可能性が高く、地理的にもっと明らかにすべき重要な地域である。

ところで、熊本県北半分の空白地帯に邪馬台国（倭国）の都を考える場合、熊本県域を統治する歴史的中心地、いわゆる肥後国府の歴史も参考になるはずである。

奈良時代以降、肥後の国府は、まず、託麻郡《たくま》（熊本市出水町国府）に、平安時代には飽田郡《あきた》（熊本市二本木）に在ったらしく、一〇世紀前半の一時期とみられるが、益城郡《ましき》にも在ったらしい。

表6　肥後北部の空白地帯に存在した郡

郡名	郡の中心地
阿蘇郡	一の宮町三野
益城郡	城南町鰐瀬宮ノ前
菊池郡	菊池市西寺
合志郡	泗水町住吉
飽田郡	熊本市京町
託麻郡	熊本市大江町渡鹿
玉名郡	玉名市立願寺石丸
山鹿郡	山鹿市桜町
山本郡	植木町正院

邪馬台国（倭国）の都は、肥後地域のみを統治するためだけでなく、直入県（豊後）、八女県（筑後）などの方面の統治にも利便性が良いように対応した場所が選定されているのではないだろうか。

さらに、この空白地帯に一県か二県ほどが存在していたとすれば、この県の広さは奈良時代以降の郡が複数集まった広さでもある。

そうであるならば、その県の一つの中心が邪馬台国（倭国）の都でもあった可能性もあるので、県の中心地はその域内にある郡のいずれかの中心地と一致する可能性もある。

奈良時代以降に、肥後北部の空白地帯に存在した郡の中心地は、表6に記す通りである。

これらの中心地のどこかに邪馬台国（倭国）の都が在った可能性をも探ることができるかもしれない。

また、『日本書紀』のほかに、邪馬台国（倭国）の都を推定するのに影響があるのは、『隋書』倭国伝であろう。その記述は次のようなものである。

倭国は百済・新羅の東南にあり。水陸三千里、〔中略〕その国境は東西五月行、南北は三月行にして、各〻海に至る。その地勢は東高くして西下り、邪摩（靡）堆に都す〔中略〕。阿蘇山あり。

倭国は、新羅国境の海岸から対馬まで千里、対馬海岸から博多湾岸まで二千里弱、博多湾岸から太宰府まで数百里で、合計して新羅国境の海岸から太宰府まで三千里（倭国里程）である。

それまで太宰府が王都であったけれども、裴世清《はいせいせい》が倭国に使わされるころには、その王都は太宰府から阿蘇の近くの旧邪摩堆に遷都の準備をしていた可能性が高い。

裴世清が見たのであろう「その地勢は東が高くて西が低い」とはどういう意味であろうか。倭国の国境のことを言っているのであろうか。その場合、倭国は東西南北とも海に至るとあるので、国境のことではないだろう。ただ、日本の中部地方には飛驒山脈、木曾山脈、赤石山脈などの高い山脈があるので、このことを指しているのであろうか。

あるいは、新都のあるところの地勢を表現しているのであろうか。もし、新都の地勢を表現しているのであれば、どのように理解すればよいのだろうか。

条件にあてはまるのは、有明海に東から西に注ぐ川の河口から表現した場合である。阿蘇山から流れ出る白川が東から西に流れる付近の地勢とすれば、新王都は大津町、菊陽町、熊本市にあることを意味し、そこが邪馬台国の王都があったところということになる。その地勢が有明海に注ぐ別の川の流れを指していれば、それ以外に菊池川、緑川、筑後川、矢部川の河口からも考えなければならない。

とりあえず、『隋書』が記述する倭国の中心地（新都となる地）は阿蘇の近くにあり、その地は邪馬台国時代の中心地でもあった「邪摩堆」だと解釈できる。ここの「堆」は「台」の字ではなく、何かを高く積み上げる意味の「堆」の字を使用している。積み上げた結果、台状になるわけであり、これは中心施設、特に神事施設、政治行政施設と何か関係があるのかもしれない。

総合的に、邪馬台国（倭国）の都は熊本県の中北部で、かつ海岸部から陸行一日の位置と解釈できる。これ以上その都の細部位置を比定しようとすれば、考古学の研究を待たざるを得ない。

8 従来の九州説に対する評価と倭国の大乱

邪馬台国の位置が九州にあったか、大和にあったかでは、古代国家統一の規模と成立時期が大きく異なると言われてきた。

その代表的な例が、井上光貞著『日本の歴史1　神話から歴史へ』（中央公論新社、二〇〇七年）の「邪馬台国論争」の項の二五三ページに、

この邪馬台国論争は、たんなる地理上の問題ではなく、もっと重要な問題をはらんでいる。というのは、邪馬台国の位置如何によって、この邪馬台国を盟主とする国家の領域が大きく違ってくるし、日本の統一の時期も違ってくるからである。たとえば、九州説をとるとすると、「二世紀末の倭国の大乱は九州での内乱で、その結果、九州を中心として、三十国ほどを打って一丸とする原始国家が生まれたが、それは要するに九州だけのことで、まだこの時代

には、中部日本と西日本とを統一する勢力はなかった」ということになる。

と述べられている。

九州説をとれば、三十国ほどの領域が九州だけの勢力に過ぎないと結論づけているが、本当にそうなのだろうか。

この結論の前提には、末盧国、伊都国、奴国、投馬国などの諸国を今の市町村ほどの広さの領域ととらえ、さらに、短い陸行距離を各王都間の距離ととらえ、その結果、全般的に各国が小さくとらえられている。そこには倭国やその構成国を小さくとらえようとする意識も強すぎたように感じる。

それは、大和説が、伊都国から邪馬台国までの距離を九州から近畿地方までの距離と、長大にとらえた反動なのだろうか。九州説ではその三十国ほどが九州領域内にあるのではないかと、逆にあまりにも狭小にとらえてしまっている。

しかし、現時点では、九州説においても従来通りのとらえ方であってはならないと思う。

九州本島に存在する国は、末盧国から邪馬台国までの六カ国のみに比定できるので、その他二一カ国の斯馬国から重出国の奴国までの諸国は、九州以外のもっと遠絶な地にあることになる。

その二一カ国が、中国、四国、近畿、北陸に広がっていると解釈するならば、統治領域の広さは従来の大和説と大差はないのである。

また、日本統一の時期についても、統治領域の広さに大差がない以上、その時期の差はなくなるのは当然のことである。

従来の九州説の問題点は、倭国の範囲を九州内に小さくとらえてしまい、そこから出口が見えない状況に陥って、まさしく迷路に向かっているように思う。

いずれにしても、三世紀中ごろ、三十国ほどに分かれた統一王朝の領域は、東は近畿・北陸までが統治の限界である。中部・関東まで統一領域が拡大する時期は、四世紀末以降のことである。統治形態がブロック化し、間接統治の形態に変化していく時期にあたる。

二世紀末の倭国の大乱は、九州説、大和説いずれの説であっても、倭国領域である西日本および朝鮮半島南部の全域がその舞台である。それは『古事記』や『日本書紀』の神話の舞台と一致しているのである。

新たな九州説では、西日本および朝鮮半島南部が統一されている時期はいつなのか、どこまで溯っていけるのか——次にそれが焦点となる。それは紀元前二世紀まで溯ることができる。

『漢書』地理志には、「それ楽浪海中に倭人有り、分かれて百余国と為り、歳時を以て来り献見すと云う」とある。

前漢の武帝が、紀元前一〇八年に今の遼寧省に楽浪郡（大凌河以西、興城河以東）、真番郡（大凌河と遼河の間)、臨屯郡(遼河以東、鴨緑江以西)の三郡を置き、紀元前一〇七年に吉林省の一角に玄菟郡を置いた。

楽浪とは、その四郡の中の一つである。ただ、紀元前八二年には真番郡、臨屯郡は廃止されたため、『漢書』地理志に記述されている楽浪郡は紀元前一〇八年当初の領域ではなく、その後に吸収・分離の過程を経ていった紀元前五〇年ごろの楽浪郡である。その楽浪郡の領域は、旧臨屯郡の位置に移った状態で記述されている。

したがって、その楽浪とは、「遼東半島を含む遼寧省東部」の郡である。

このときの遼河以西の領域はほぼ遼東郡となっており、遼河以東の領域には楽浪郡(第三次)が置かれている。楽浪郡の東は、吉林省と遼寧省の境界の東にあたる嶺東七県が加わり、また楽浪郡の南は、北朝鮮の平安道に位置する屯有県が加えられている。

この渤海湾や黄海海域に突き出た楽浪郡まで、倭人が交易のために押し寄せていたのであろう。この倭人とは大同江以南の朝鮮半島と西日本の地域にまたがる百余国に分かれた統一国家のことであり、古代日本語が話されたその統一国家は、当時、「君主国」と呼ばれていた。この国から周《しゅう》や燕《えん》などに代々使者を派遣していたと考えられる。その統一国家の由来は、夏《か》や殷《いん》まで溯れるかもしれない。

この「君主国」は、その領域を大きく九つの州に分けていたのではないだろうか。そのなごりが「九州」という地名なのであろう。その中心の州である筑紫の州、すなわち九州本島のみが今では「九州」と呼ばれるようになったのではないだろうか。その中心地の遺跡群が九州北部に存在しているのであろう。

その君主国が紀元前一世紀末に崩壊に向かった。神話に記された混沌とした世界に陥ったのである。大同江以南の旧君主国の西北方領域には遼寧省や吉林省から朝鮮・濊狛族が流入し、その七八カ国の領域は、倭人と混じることによって三韓などの韓族が形成される。すなわち、馬韓、辰韓、弁韓諸国を形成していくことになる（本書四一・四二ページ、図10・11参照）。

日本神話は、一世紀からの歴史が転化したものと考えられるが、その日本神話の舞台は、韓国の全羅道、慶尚道を含み、九州から近畿、北陸、佐渡に至る地域である。その地域は、再度統一国家として復活し、三十余国に分かれた制度をもつ国として誕生した。

その様子を『日本書紀』は天地開闢《かいびゃく》と神生みとして記述している。この統一国家の初代王が国《くにの》常立尊《とこたちのみこと》であり、八代目が男王面足尊《おもだるのみこと》、九代目が女王惶根尊《かしこねのみこと》、一〇代目が男王伊弉諾尊《いざなぎのみこと》である。

初代から三代目ころのいずれかの王に対して後漢の光武帝が五七年に金印を贈っている。一〇七年、八代目王の面足尊（倭面土王《わのおもだるおう》）が、後漢の安帝のもとに帥升らを派遣している。

一〇代目、幼年の伊弉諾尊が王位に就いたのは、一一〇年ころであろう。

この伊弉諾尊は、そののち、一八〇年ころまで国王として在位した。その在位は、七〇年間ほどの長期間となった。それは幼年から老齢期までの特異な在位期間だったのであろう。一八〇年ころに正室の伊弉冉尊《いざなみのみこと》が死亡したことにより、その結果、山陰方面（北陸にも影響）の離反が生じた。それをきっかけに政権が崩壊に向かっている。

その時期が、まさしく光和年間（一七八〜一八三年）のことである。このころから政権の中心基盤である奴国が分裂し、新たに邪馬台国が伊弉諾尊によって創設された。

この時期こそ、「倭国の大乱」と呼称するにふさわしく、前政権の崩壊と、次の政権の胎動時期に区分できる。

倭国の大乱は、一八〇年ころに政争が表面化し山陰での戦闘となって混乱に拍車がかかった。その直後、政権中核の九州の中心地の分裂に飛び火して、その戦乱はしだいに深刻化している。

9 奴国を盟主とする政権から邪馬台国を盟主とする政権へ

『日本書紀』巻第一の神代には、天地の中に神々が生まれ出たという「神生み」の内容が記述されている。その神々は単なる創造の神々ではなく、歴史上の人物とみられる。

『日本書紀』の時代に沿って年代を溯って考察していくと、その神々の名は奴国を盟主とする倭国の代々の王に比定されると考えられる。

そこには国常立尊《くにのとこたちのみこと》から伊弉諾尊《いざなぎのみこと》・伊弉冉尊《いざなみのみこと》まで十一の神々が表記されている。また、この代々の神々による奴国政権が存在したことがわかれば、それと同時にその支配した領域が存在していたこともわかる。それは『日本書紀』では「国生み」としての記述形式になっているが、そこにはそのとき統治されていた領域が記述されているのではないかと考えられる。

同時代の後漢（二五～二二〇年）では、その国を倭国と呼称した。その倭国の中央政権の基盤となっている中心領域は奴国である。この奴国を盟主とする時代の奴国の領域の広さは、伊弉諾尊の晩年時代に混乱と分割（分裂）する前の広さであったので、現在の福岡と大分両県を含む広さであっただろう。

この奴国地域を拠り所にして、時の政権は代々の王（神々）のもとで、西日本の領域を統治していたと解釈できる。その倭国は近畿・北陸以西の西日本の領域にとどまらず、西北は韓国南部（慶尚道、全羅道）まで広範囲に支配している。この広大な領域を有する倭国に、後漢の光武帝（二五～五七年）から五七年に金印が贈られているのである。

この後漢政権末期の、光和年間（一七八～一八三年）に倭国では大乱となっているが、このできごとは神話から読み取れる。それは伊弉冉尊を中央政権に送り出した山陰方面側の地域が、結局、伊弉冉尊の死をきっかけに分裂したため、倭国の大乱が始まっている。

山陰地域が分裂・対立したため、因幡《いなば》以東地域の中央政権に対する離反へと歴史が急展開している。それが、中央の九州に飛び火して、その基盤となっていた奴国が分裂へと進展している。同時に、この大乱期間の五年間は、奴国政権から邪馬台国政権への大転換期間でもあった。

この大変革期、伊弉諾尊が倭国王として政権を担っていた。その皇后である伊弉冉尊の死後、『日本書紀』では伊弉諾尊の子供の序列が、大日孁貴《おおひるめのむち》、月の神、蛭児《ひるこ》、素戔嗚尊《すさのおのみこと》の順となっている。もし、伊弉冉尊が死ななかったら、素戔嗚尊が正妻の子で序列一位のままであっただろう。しかし、政権内の均衡が変化し、伊弉諾尊と火国《ひのくに》の出身と思われる側室との間に生まれた大日孁貴

（天照大神《あまてらすおおみかみ》、天照大日孁尊《あまてらすおおひるめのみこと》、卑弥呼《ひみこ》）が序列一位、月の神（月読尊《つくよみのみこと》）が二位となっていて、四位（実質三位）の素戔嗚尊はその後、根の国（出雲）に追放されている。

伊弉冉尊の死によって因幡が離反した影響は、奴国政権の北陸方面への統治力の衰えにも関係しつつあった。伊弉諾尊はこれをとどめるため、妻の死を追うかのように因幡付近に出兵し、その地域との修復を図ろうとした。しかし、結果は離縁の呪言《じゅげん》を宣告されたかのように、因幡地域の離反が決定的となった。

伊弉諾尊は根の国を経て筑紫に撤退した。その直後、伊弉諾尊が倭国王の位を退こうとしている時期に、皇位継承実質三位の素戔嗚尊が伊弉諾尊の後継になろうとして、乱暴狼藉を働いたが、結局、伊弉諾尊を支援する伊都国の高皇産霊尊《たかみむすびのみこと》や火国などの新体制勢力によって、根の国に追放されることとなり、そのときに誓約《うけい》がかわされている。

このときの誓約は、奴国の分割が焦点となっているようだ。

素戔嗚尊は宗像郡の三女神の領域に対する支配権を得た。

他方、天照大神は、宗像郡を除く奴国領域への支配権（五柱の男神）を得ている。結局、卑弥呼が男系の皇族五柱（正哉吾勝勝速日天忍穂耳尊《まさかあかつかちはやひあめのおしほみみのみこと》、天穂日命《あまのほひのみこと》、天津彦根命《あまのひこねのみこと》、活津彦根命《いくつひこねのみこと》、熊野《くまのの》櫲樟日命《くすびのみこと》）を支配下に置いている。この神々は面足尊《おもだるのみこと》以降の男系の皇族を指しているのであろう。

分割の結果、素戔嗚尊は山陰地方から宗像郡（不弥国）に影響を及ぼし、天照大神は、筑後、豊国、火国方面から筑前（分裂後の奴国）に影響を及ぼす構図ができている。

伊弉諾尊が王位を退位したとき（一八〇年ごろ）、隠者となったことが記されているが、このときから倭国は統治者のいない、〝主なし〟の状態に陥ったのである。このときの人物、伊弉諾尊と岩戸をとざして幽《こも》った天照大神とは、同一人物であろう。

また、田力男《たぢからお》が御手をとって引き出したときの天照大神は、岩戸をとざして幽った天照大神とは別人であると解釈できないだろうか。天照大神が、〝よみがえっていく〟ということは、天照大神は代々受け継がれることを表している。すなわち、邪馬台国の王は「天照大神」と呼ばれ、これは代々受け継がれていくことを意味している。

したがって、岩戸をとざして天石窟《あまのいわや》に幽った天照大神とは、倭国王を退位した伊弉諾尊のことを記したものであろう。石窟に亡くなった伊弉諾尊を葬り、その子である二代目天照大神（卑弥呼）が岩戸を開けたとき引き出され、倭国王に共立したことを比喩的に神話に記述しているのであろう。

このとき、高皇産霊尊の子である思兼神《おもいかねのかみ》（伊都国王）は卑弥呼を共立した立役者となっただけでなく、八百万神《やおよろずのかみ》を集めた天安河《あまのやすかわ》（夜須川）で、ここを国境とすることを調停した。その結果、この北を奴国、この南を邪馬台国として領域の確定を皇族や諸王に認めさせたのであろう。九州内の基盤が整ったところで、邪馬台国の卑弥呼を倭国王に共立できたのではないだろうか。

倭国中央政権の基盤が、奴国を盟主とする政権から卑弥呼のいる邪馬台国を盟主とする政権へと移行したのである。

ところで、卑弥呼が共立された年が光和年間の末年である一八三年とすれば、倭国の大乱終了直後に、神話では何が起きたと書かれているのだろうか。

それは、倭国と呼ばれていた葦原中国《あしはらのなかつくに》の平定が中心となっている。その倭国の構成国の中でも、斯馬国（素戔嗚尊による西部中国地方）、狗奴国、奴国の三国の平定が焦点となっている。

素戔嗚尊は出雲へ追放されたとはいえ、皇位継承三位の地位のまま、葦原中国の統治の一翼の担い手として、中央政権の命令により、出雲地方の統治を任されたのである。その後、出雲地方を基盤に、子の大国主尊に至って西部中国地方が斯馬国として拡大統一され、その統治地域の領有が卑弥呼の中央政権に認められている。

次に、狗奴国の平定については、天照大神（伊弉諾尊）の御子であり、皇位継承の序列四位である正哉吾勝勝速日天忍穂耳尊を狗奴国の王に任命しようとしたが、現地の反発もあって困難であった。そこで、替《かわ》りの傑物《けつぶつ》として登場しているのが、皇位継承の序列五位の天穂日命《あまのほひのみこと》である。

天照大神（伊弉諾尊）の御子（実子）との解釈もできるが、確実に絞れるほどでもない。けれども、天穂日命は広くとらえると、面足尊《おもだるのみこと》以降の男系の皇族であるので、その皇族を、天照大神（伊弉諾尊）の御子として卑弥呼の陣営に引き入れた（分割した）と解釈すれば、伊弉諾尊の実子だと解釈を限定する必要はない。

この序列五位の天穂日命が狗奴国の王に任命されたが、現地に取り込まれ、出雲の大国主尊になびき、三年経っても中央政権に復命することはなかった。

そこで、皇位継承の序列六位の天稚彦《あめわかひこ》（天国玉神の子とあるので伊弉諾尊の実子ではなく、面足尊以降の男系皇族で、伊弉諾尊の甥であろう）を狗奴国王に任命したが、これも現地に取り込まれ、斯馬国王の大国主尊の娘の下照姫《したてるひめ》を娶《めと》り、同じく中央政権に復命することはなかった。そのため一八六年ころ、新嘗《にいなめ》行事のあとに刺客によってであろうと思われるが、天稚彦は矢が胸にあたって殺されてしまった。

次に狗奴国王に任命されたのは、序列四位の正哉吾勝勝速日天忍穂耳尊の子である櫛玉饒速日《くしたまにぎはやひの》命《みこと》である。高皇産霊尊のむすめの栲幡千千姫《たくはたちぢひめ》を娶って生まれた子である。天磐船に乗せて天降《あまくだ》ったとある。櫛玉饒速日命は現地の長髄彦《ながすねひこ》の妹の三炊屋媛《みかしきやひめ》を娶っている。これも結局同じ結果になったことが推測され、この狗奴国の最終的な平定は神武東征の時期を待つこととなる。

最後に、邪馬台国の北の奴国の平定については、その弟の天津彦彦火瓊瓊杵尊《あまつひこひこほのににぎのみこと》（伊弉諾尊の皇孫）を指名している。奴国と邪馬台国の国境の確定後、邪馬台国と伊都国勢力は筑前地方に縮小した奴国の平定が焦点となっていた。瓊瓊杵尊は、伊都国王の思兼神の甥子であると同時に、倭国王の卑弥呼にとっても甥子である。

そこで、卑弥呼を補佐している高皇産霊尊は、皇孫の天津彦彦火瓊瓊杵尊を奴国統治のために、一八六年五月五日に降臨させた。奴国統治の拠点になったところは高祖山の山城であろう。この地こそ、天孫降臨の地とされる日向の襲《そ》の高《たか》千《ち》穂《ほの》峯《たけ》である。そののち、奴国の統治の拠点は、今の博多である吾田《あた》の長屋の笠狭碕《かささのみさき》（須崎）に近い所に移っている。

この天孫降臨により奴国から他国に国替えを命ぜられた勢力があった。猿《さる》田《た》彦《ひこ》大神《おおかみ》は卑弥呼によって倭国の東辺の地である伊勢の狭長田《さなだ》の五十鈴《いすず》川の川上に国替えを命ぜられたのである。猿田彦大神も天津彦彦火瓊瓊杵尊も同じ奴国王朝の皇統を受け継いでいる。その違いは、邪馬台国王朝が政権を営むにあたって、伊弉諾尊の近親の皇族ほど邪馬台国の近辺の領主を命ぜられて、遠い皇族ほど遠地の領主を命ぜられているだけである。

後世、猿田彦大神の子孫の大田命は天照大御神を祀る地として倭姫命《やまとひめのみこと》に五十鈴川の川上の地を献上している。

葦原中国を平定して、邪馬台国にいる卑弥呼をその倭国王に共立した政権となってから、邪馬台国と奴国の関係はどのようなものであったのだろうか。

倭国の中央政権は邪馬台国の王都に置かれた。邪馬台国の王都は倭国の王都でもある。倭国の王は卑弥呼であるが、邪馬台国の王は卑弥呼を助けている男弟王の月読尊であろう。

したがって奴国は、これ以降に葦原中国（倭国）から王を任命され、統治を担わされている関係である。邪馬台国とは同列の関係であるが、その王の皇族の地位によって序列関係があるとみていいのだろう。

ところで、奴国の王に瓊瓊杵尊が任命され、次に奴国王を継承したのは彦火火出見尊《ひこほほでみのみこと》（山幸）である。山幸は、その正妻に投馬国の海神のむすめ豊玉姫《とよたまひめ》を娶り、彦波瀲武鸕鶿草葺不合尊《ひこなぎさたけうがやふきあえずのみこと》が生まれた。この彦波瀲武鸕鶿草葺不合尊と玉依姫《たまよりひめ》との間に生まれたのが、天照大神（台与《とよ》）に東征を命ぜられた彦五瀬命《ひこいつせのみこと》、稲飯命《いなひのみこと》、三毛入野命《みけいりののみこと》、神日本磐余彦尊《かむやまといわれひこのみこと》である。

10

『魏志』倭人伝の【抜粋】部分を解釈

巻頭の『魏志』倭人伝の読み下し文の【抜粋】部分を、私なりの解釈を加えて読み解いていきたいと思う。

倭人《わじん》は、現在の平壌《ピョンヤン》の東南方向に居て、大海の中に居る。山や島によって国、邑の境界をなしている。漢の時代、百余国に分かれて、皇帝に朝見する国（主に中央政権）の使者があった。晋の時代、三十国に分かれて、皇帝に朝見する国（主に中央政権）の使者がある。

郡の治所から倭の国境の方向に至るには、海岸に循《したが》って水行し、馬韓の諸国の海岸をいくつか経て、あるときは南の方向に、あるときは東の方向に進む。郡の境界（海岸）から狗邪韓国の王都（木浦《もっぽ》）の北岸に到るまでは水行距離七千余里（三六〇キロ）である。朝鮮半島から始めて南方向に海峡を渡ること、水行距離千余里（五十数キロ）で、対馬国の王都に通ずる海岸（港）に至る。対馬国王の官位を彦《ひこ》（主に中央政権から命ぜられた王）といい、副を夷守《ひなもり》という。人の居る所は絶島で、面積は四百余里平方（四万平方キロメートル）ほどである。地勢は山地が多く険しい。植生は森林が多く、道路は細道である。千余戸ある。良田はなく、海産物を食して自活し、船に乗って南北に交易している。また、南方向に海峡を渡る。名づけて瀚海《かんかい》という。対馬国南端から水行距離千余里（五十数キロ）で、一支国の王都に通ずる海岸（港）に至る。また、一支国王の官位を彦という。副を夷守という。面積は三百里平方（二万四〇〇〇平方キロメートル）ほどである。竹木・叢林が多く、三千ばかりの家がある。やや田地あり、田を耕せどもなお食するに足らず、また南北に交易している。

　また、南方向に海峡を渡る。一支国《いきこく》の南端から水行距離千余里（五十数キロ）で、末盧国の王都に通ずる海岸に至る。四千余戸ある。山裾《やますそ》、海浜《かいひん》に沿って居住している。草木が茂盛し、水行していても行先で沿岸方向に人の姿を見ることができない。好んで魚や鰒《あわび》を捕え、水の深い、浅いに関係せず、皆潜ってこれを取る。また、一支国王都から東南方向に海峡を渡り、一支国海岸から水行距離千余里（五十数キロ）で、伊都国の王都に通ずる港に至り、さらに陸行距離五百里（二六キロ）にして、伊都国の王都に到る。伊都国王の官位を爾支《にき》といい、副を泄謨觚・柄渠觚という。千余戸ある。代々王がいたが、皆、倭国に統属していた。郡使は往来があるときは必ずこの国に留まる。一支国から東南方向に水行距離千余里（五十数キロ）で、奴国王都に通ずる港に至る。陸行距離百里（五キロ）で奴国の王都に到る。奴国王の官位を兕馬觚《しまこ》といい、副を夷守という。二万余戸ある。また、東方向に海峡を渡る。一支国の南端から水行距離千余里（五十数キロ）で、不弥国の王都に通ずる海岸（港）に至る。陸行距離百里（五キロ）で不弥国の王都に到る。不弥国王の官位を多模といい、副を夷守という。千余家ある。

また、一支国王都から南方向に、邪馬台国と投馬国の国境に至る。一支国の南端から水行距離二十日（四三〇キロ）で投馬国の王都入口に近い港に至る。投馬国王の官位を弥弥といい、副を弥弥那利という。五万余戸ばかり。

最後に、一支国王都から南方向に、末盧国と邪馬台国の国境に至る。一支国の南端から水行距離十日（二一五キロ）で邪馬台国の王都に通ずる港に至る。そこから陸行距離一日（最大約二一キロ）で女王の都する所に到る。邪馬台国王の官位は伊支馬といい、次を弥馬升といい、次を弥馬獲支といい、次を奴佳鞮という。七万余戸ばかり。投馬国より以北の戸数・道程の地理情報を得て簡略に記載することができるが、その余の中国四国地方以遠に位置する国々は遠絶であって、その地理情報を得るのが難しくて詳らかにすることができない。

山陰北陸沿いに、斯馬国《しまこく》があり、次に已百支国《ほおきこく》があり、次に伊邪国《いなこく》があり、次に都《た》（郡）支国《じこく》があり、次に弥奴国《みなこく》があり、次に好古都国《ここつこく》があり、次に不呼国《ふわこく》があり、次に姐奴国《しゃなこく》がある。また南海道沿いに、対蘇国《とさこく》があり、次に蘇奴国《そなこく》があり、次に呼邑国《あわこく》があり、次に華奴蘇奴国《かなそなこく》があり、次に鬼国《きこく》がある。また山陽地方沿いに、為吾国《いごこく》があり、次に鬼奴国《きなこく》があり、次に邪馬国《やまこく》があり、次に躬臣国《きゅうしんこく》があり、次に巴利国《はりこく》があり、次に支惟国《しいこく》があり、次に烏奴国《うなこく》があり、次に奴国《なこく》がある。ここが女王国の境界の尽くる所である。

この奴国の南に狗奴国《くなこく》があり、男子が王である。狗奴国王を狗古智卑狗（狗東彦《くこちひこ》）という。女王に服属しようとしない。郡境から女王国境に至る水行距離は一万二千余里（六三〇キロ余り）となる。

男子は皆、顔や体に大小の入墨《いれずみ》をしている。古《いにしえ》より以来、その遣使が中国に詣《まい》るや、皆自ら大夫と称している。夏《か》の小康の庶子が会稽郡に封地を与えられて、頭髪を剪《き》り、入墨をして蛟竜《こうりゅう》の害を避けたという。それが今では倭の水人が好んで潜水して魚蛤を捕えるとき入墨をしている。大魚・水禽《すいきん》がこれを嫌って接近してこないというまじないが、後には身体の飾りの意味を合わせもつようになった。

諸国の入墨は各々異なり、その個所は左、右、大、小と差はあるが、それによって尊卑の差が示されている。その道程の地理情報を総合すると、倭国の位置は漢代の会稽郡（呉の領域）の南端から東海郡（魏の領域）の北端までの、ちょうど東側にあたる。〔中略〕

女王国（伊都国）より以北には、特に一大率を置き、倭国諸国と大陸との交易を検察させている。倭国諸国はこれを畏憚《いたん》している。倭国から任命された一大率の役人が常に伊都国において交易を統治している。倭王以外の諸王が、使を遣わして京都・帯方郡・諸韓国に詣るとき、国中において交易・軍事・警備を統括する刺史のようである。および郡使《ぐんし》が倭国に派遣されたとき、いずれも皆一大率の役人が港において臨検《りんけん》して、文書・賜遺の物（賜物、貢物）を捜露し、それらを女王に間違いなく達するように伝送した。〔中略〕

その倭国は、後漢末（一一〇年ごろ）、また男子（伊弉諾尊）が王に即位した。その在位が七十年となったころ、倭国が乱れ、相攻伐すること歴年である。すなわち共に一女子を立てて倭国王に即位させた。名づけて卑弥呼（大日孁貴《おおひるめのむち》）という。祖霊を祭り、倭人は卑弥呼を畏敬している。景初年間（二三七〜二三九年）には、年はすでに老齢なるも、夫婿《ふせい》はなく、男弟王（月読尊）が卑弥呼を補佐して、倭国を治めている。卑弥呼が王位に即位して以来、卑弥呼の姿を見る者は少なく、婢千人がつき従っている。ただ男子が一人、飲食を共にして、卑弥呼に言辞を伝えたりその意を受けて皆に伝達する役を果たすため出入りしている。宮室・楼観・城柵を厳かに設けて、常に兵士が周辺を警備して守衛している。

女王国（鬼国）の東方向、志摩鳥羽港から伊勢湾・三河湾の海を渡る千余里（約五〇キロ）のところを王都する国（澶洲）があり、皆倭種である。また侏儒国があり、女王国（投馬国）の南方向にある。身長が三、四尺（八〇～一〇〇センチ）、投馬国の南端（屋久島）を去る四千余里（約二二〇キロ）。また裸国（沖縄県）・黒歯国（新潟・長野県）が、倭国の南と東にあって、その水行距離は船行一年（四、五カ月）にして至ることができる。倭の地の港に立ち寄ると、大海中に孤立した島が散在し、あるいは絶えあるいは連なり、周旋五千余里ばかり（木浦－巨済島、唐津－熊本）である。

旧暦《きゅうれき》景初三年六月（二三八年九月）、倭国の女王卑弥呼が、大夫難升米等を遣わし郡に詣り、天子に謁見《えつけん》することを求めた。太守劉夏は、吏を遣わし大夫難升米等を送り、魏の洛陽に詣らさせた。

その年一二月（二三八年一二月）、明帝が詔書して倭の女王に答えて言うには、「卑弥呼を親魏倭王に制詔する。帯方郡の太守劉夏が、郡使を遣わし汝（卑弥呼）の大夫難升米・次使都市牛利を送らせ、汝が献ずる所の男生口（技術の伝導者）四人・女生口六人・班布《はんぷ》二匹二丈を奉り、到着した倭の使者に献見した。汝が居住している所ははるかに遠いけれども、わざわざ使を遣わして貢献した。これは汝の忠孝の心の表われである。我れは甚だ汝をいつくしむ。今汝を親魏倭王として公認する。金印紫綬は魏の使者を介して授ける。装封して帯方の太守に付し仮授させる。汝、それ種人を綏撫《すいぶ》し、勉めて孝順をなせ。汝が来使難升米・牛利、遠方からはるばる渡り来て、途中行路に大変苦労したであろう。今、そのような労苦を重ねて使者としての任務を果たした難升米を賞して、『率善中郎将』となし、牛利を『率善校尉』となし、銀印青綬を与え、使者を親しく引き入れて謁見をし、ねぎらい賜わった上で帰国させる。〔中略〕」と。

正始元（二四〇）年、帯方郡太守弓遵が、郡使の建中校尉梯儁等を遣わし、詔書・印綬を奉じて、倭国に詣り、倭王に拝仮した。ならびに詔を齎《もたら》し、金帛・錦罽・刀・鏡・采物を賜う。倭王は、倭の使者を帯方郡に派遣し上表し、詔恩を答謝した。

その四年（二四三年）、倭王、また使大夫伊声者・掖邪狗等八人を遣わし、生口・倭錦・絳青縑・緜衣・帛布・丹・木弣・短弓矢を上献す。掖邪狗等、率善中郎将の印綬を壱拝す。

その六年（二四五年）、詔して倭の難升米に黄幢を賜い、郡に付して仮授せしむ。

その八年（二四七年）、太守王頎《おうき》官に到る。倭の女王卑弥呼、狗奴国の男王卑弥弓呼《ひみここ》（櫛玉饒速《くしたまにぎはや》日命《ひのみこと》、少彦名命《すくなびこなのみこと》）と素より和せず。倭の載斯烏越等を遣わして郡に詣り、相攻撃する状を説く。塞曹掾史《さいそうえんし》張政等を遣わし、因って詔書・黄幢を齎し、難升米に拝仮せしめ、檄を為《つく》りてこれを告喩す。

卑弥呼以て死す。大いに冢を作る。径百余歩、徇葬する者、奴婢百余人。さらに男王（大国主尊）を立てしも、国中服せず。こもごも相誅殺し、当時千余人を殺す。また、卑弥呼の宗女壱与年十三なるを立てて王となし、国中遂に定まる。政等、檄を以て壱与を告喩す。壱与、倭の大夫率善中郎将掖邪狗等二十人を遣わし、政等の還るを送らしむ。因って台に詣り、男女生口三十人を献上し、白珠五千孔・青大勾珠二枚・異文雑錦二十匹を貢す。

11 西征から東征へ

西征とは、狗奴国《くなこく》の夷守《ひなもり》（将軍）少彦名命《すくなびこなのみこと》が斯馬国《しまこく》王の大国主尊《おおくにぬしのみこと》を倭国の王に立てて、現政権の卑弥呼《ひみこ》と倭国王の座を争った戦闘、あるいは卑弥呼政権の後継を争った一連の戦闘であると解釈するべきであろう。

大阪府・奈良県地域の狗奴国と中国地方の斯馬国の両勢力は、倭国中央政権が基盤としていた九州の地へ大軍を動かした。その戦争目的は、邪馬台国や投馬国を討伐し、老齢となった卑弥呼の政権を奪取しようとしたものである。この戦争は二四三年から二四八年まで続いた。この一連の記述は、『日本書紀』に景行天皇紀の九州征伐として挿入されている。この征伐記述は、同じく二四三年から二四八年までの戦闘記述である。

この戦争の終末には卑弥呼が死亡して、大国主尊が男王として擁立されたが、政権は安定しなかった。なぜなら、大国主尊が倭国王となっても国中が服属せず、混乱が続いたからである。それは双方で千余人が殺され、この西征の重要人物である少彦名命までが殺されている。

これによって、大国主尊の政権は崩壊し、邪馬台国を盟主とする旧勢力が復活した。歴史は再び急転換し、旧勢力の中から壱与《いよ》（豊《とよ》）が十三歳で擁立され、邪馬台国王権はこの後も九州に政権基盤を置き、次の貴国（邪馬台国の後継国）を中核とする政権が成立するまで長く存続することとなるのである。

壱与はこの後、西征の戦後処理を実行していくことになる。まず、大国主尊の斯馬国を分割するため、経津主神《ふつぬしのかみ》らの軍を派遣し斯馬国を平定した。大国主尊の子である事代主神《ことしろぬしのかみ》に、出雲《いずも》の地域のみの領有を許しここに押しとどめ、残りの周防《すおう》地域、安芸《あき》地域を、中央政権の側に国譲《くにゆず》りするように強いている。また櫛玉饒速日命が治めている狗奴国に対しては、彦五瀬命《ひこいつせのみこと》や神武《じんむ》天皇に対して東征を命じて、大阪府・奈良県地域で一大戦闘が行われることになるのである。

経津主神による斯馬国平定後から神武東征までの間に国替えがあり、九州地域統治の再編も行われている。それは奴国から投馬国東部への国替えを山幸の一族が、不弥国《ふみこく》から投馬国西部への国替えを海幸の一族が、それぞれ天照大神（壱与）から命ぜられている。

彦五瀬命による東征は、投馬国への国替え直後であろう。二五四年七月五日に、投馬国から出発し宇佐に向かった。一方、神武天皇は不弥国への国替え直後であったのか、同年八月九日に岡《おかの》水門《みなと》に集結した。その後、彦五瀬命は宇佐から安芸国へ、神武天皇は岡水門から吉備国へと二軍に分かれて連携を保ちつつ進軍しているのではないだろうか。それは国譲りの地が反乱することがないかを予防しつつ行動しているからである。

この神武東征は、倭国王である第四代目天照大神の命令で実行されたものである。当時の天照大神は壱与である。その東征は、倭国三十余カ国のうち、未《いま》だ服属しようとしていない狗奴国の一国に対する討伐であり、ひきつづきその討伐軍による狗奴国統治が目的である。

また、この神武東征とは、西征した勢力に対する討伐であり、斯馬国の平定にひきつづく一連の遠征である。この東征は、二五四～二五七年の瀬戸内海を躍進しつつ戦争準備を整えた時期と、二五八年一～九月の近畿地方での一連の戦闘時期に大きく区分される戦争記述である。

12

『日本書紀』、『三国史記』の暦日と紀年

『魏志』倭人伝の解読が邪馬台国の位置決定を大きく左右しているのと同様に、『日本書紀』の暦日と紀年は、その使用された暦法が何であったかで人物の存在時期やできごとの発生時期が異なり、どの暦法が使用されたかでその時期の決定は左右される。

『日本書紀』の暦日の研究において、小川清彦は「安康《あんこう》天皇以降は、元嘉暦《げんかれき》が使われ、それ以前は儀鳳暦《ぎほうれき》が使われた」としている。

しかし、六六五年に唐の李淳風《りじゅんふう》が作った儀鳳暦による暦日が、五世紀の安康天皇以前に使われるはずがない。元嘉暦と同程度に精度の高い儀鳳暦を、元嘉暦が作成される以前に使うという起こり得ないことが生起していることになる。

『日本書紀』を編纂した七、八世紀に、儀鳳暦を使って、安康天皇以前の日付を適当に創作したのであろう、と推量する人がいる。

表7　古代暦と平均朔望月《さくぼうげつ》

古代暦	平均朔望月（一月の平均日数）
四分暦	二九・五三〇八五一
月読暦	二九・五三〇六一二
景初暦	二九・五三〇五九九
儀鳳暦	二九・五三〇五九七
（天象）	二九・五三〇五八九
元嘉暦	二九・五三〇五八五

果たしてそうであろうか。記述毎、年月日の日付を創作して、国史を編纂したのだろうか。『日本書紀』の編纂者の真摯《しんし》な態度から、私はそれが創作だったということを信じることはできない。そんな多数の暦日を創作する必要性がどこにあるというのだろうか。

私はその暦日については、当時国内で使用されていた暦日をそのまま使用して編纂したと推量する。

後漢時代に使用されていた四分暦《しぶんれき》は、一月の平均日数が二九・五三〇八五一日の精度の暦である。ちなみに、天象上の一月平均日数は二九・五三〇五八九日である。この四分暦は西暦八五年（後漢の元和二年）から使用されていた。私はこの暦を面《おも》足尊《だるのみこと》の使い（帥升《すいしょう》ら）が、一〇七年に日本に持ち帰り、その後、月齢観測を加え新たな暦を作りだしたと見ている。そうしてできた月読暦《つきよみれき》は、一月の平均日数が二九・五三〇六一二日の暦である。儀鳳暦が平均日数二九・五三〇五九七日（定朔）、元嘉暦が二九・五三〇五八五日（平朔）である。定朔法では、平朔法に比較して月相と暦日が合致する長所をもっているが算定が複雑で、唐代に使用されている。

したがって、『日本書紀』に記述された暦法は、月読暦、元嘉暦、儀鳳暦の順に使用されていたと考えるほうが理にかなっている。

月読暦は、五年の倍数年の空白期間を挿入し、年代を過去に引き延ばすことで儀鳳暦の暦日に合致させることが容易にできる特性をもっている（儀鳳暦は定朔法であるが、実体は平朔法を使用している）。

現在の『日本書紀』の紀年構成は、その儀鳳暦（平朔法として使用）、元嘉暦（平朔）の暦法に合わせて、当時使用されていた月読暦、元嘉暦の暦日史料で再編纂されている。その結果に、編纂者が補助的にあとで二次的に干支年を挿入している。その干支年だけがとりあげられて、現在の年代論争が行われている。

『日本書紀』の年代の解明の核心に迫っていくためには、その干支年ではなく、朔望月《さくぼうげつ》干支と日《ひ》付《づけ》干支から構成される暦日の干支日の方に正面から取り組む必要があり、そうでなければ、解決の道は開けてこないと思う。

また、『魏志』倭人伝に対する五世紀裴松之《はいしょうし》の注によると、倭人は「其の俗正歳四時《せいさいしいじ》を知らず、ただ春耕秋収を記し、年紀となすのみ」とある。

正歳とは、年一二カ月の一九年間に七閏月を挿入した太陰太陽年暦《たいいんたいようねんれき》のことである。中国で使用されているこの太陰太陽年暦（正歳）を日本では使用していないことを述べている。しかし、「ただ春耕秋収を記し、年紀となすのみ」とあるのをどう理解するかである。月読暦による太陰暦を使用していたとすれば、この太陰暦と太陽暦との組み合わせ、すなわち太陰暦に加えて春分の日と秋分の日を観測して年紀も使用していると言っている。一二カ月の一年単位の年紀ではないが、年紀を使用しているとはどういうことか。それは神武天皇の年齢が一二七歳とか、垂仁天皇が一四〇歳とかの記述から、その当時の平均寿命を考慮すれば、一太陰太陽年が三単位であることが容易に理解できる。一年紀が四カ月、閏月の一年紀は五カ月ということになる。

したがって、卑弥呼の時代に使用されていた暦は、景初暦が登場するまでの一時期の間、意外にも月読暦が世界最高水準の太陰太陽暦を使用していたことになる。

その後、五世紀には大陸との交渉が再び活発になり、五世紀半ばには日本でも元嘉暦が導入され使用されはじめた。

推古天皇の時代、九州王朝に支配されている大和王権が、九州王朝に対抗して独自に新たに定朔法の皇極暦《こうぎょくれき》などの暦法を導入しようと目論《もくろ》んだが、暦法の複雑さもあってか成功しなかった。

しかし、九州王朝の衰退時期、持統天皇一〇（六九六）年一一月の条には「勅によって初めて元嘉暦と儀鳳暦（定朔法）を施行した」とある。

今まで九州王朝で使用されていた元嘉暦（平朔法）と、今後大和王権主導のもとで使用する儀鳳暦を、当分同時期に同じ平朔法によって併用することを宣言しているのである。

他方、一二世紀に編纂された『三国史記』（三国時代から統一新羅末期の歴史書）の紀年はどうなっているのであろうか。この編纂者も『日本書紀』と同様の誤りを犯している。中国史書に記された余句《よく》が『三国史記』の肖古《しょうこ》王、同様に中国史書の余映《よえい》が『三国史記』の近《きん》肖古《しょうこ》王である可能性が高いので、『三国史記』初期の暦法が逆算できる。それによると、『三国史記』の一年紀は季節の調整を行わない単純四朔望月であることがわかる。この暦法では、四四七年八月以前が一年紀四朔望月となっているのである。『三国史記』の三〇四年から四四七年と記述されている本来の年代は、四〇一年から四四七年の記事に相当する。同様に紀元前六年から西暦三〇三年の記述は、三〇一年から四〇〇年までの史実にすぎないのである。

『三国史記』関連の金石文《きんせきぶん》に広開土王碑文《こうかいどおうひぶん》がある。この碑文の記述内容は、四四七年以前のできごとが三倍年暦で記述されている。また、建立したとされる日付のみは改暦後の一倍暦の日付であり、それは四七四年の日付になっている。

その記述を一倍暦に換算して修正した上で、記述内容を解釈すると、次のようになる。

倭の大軍が渡海したのは四二九年。四三二年には新羅の王都に倭人が満ちていたとある。四三三年に倭軍は平壌《ピョンヤン》に深く侵入した。四三六年広開土王が死去し、長寿王《ちょうじゅおう》は四四〇年に王都を集安から平壌に遷都した。また、長寿王は四七四年九月二九日、旧都に広開土王碑を建立し、高句麗の開国伝承、広開土王の領土拡大の賛美等、国威を発揚し、翌年の四七五年には高句麗の大軍が百済を攻撃し、漢城を陥落させているのである。

この真偽を証明するにはどうすればよいのかは、建立の日付が鍵を握っている。四七四年に建立されたのであれば、その日付は「甲寅《こういん》年九月廿九日丁酉《ていゆう》」、もし四一四年の建立であればその日付は「甲寅年九月廿九日乙酉《いつゆう》」である。

したがって、その日付が丁酉なのか乙酉なのかは、建立の時期を左右することになる重大な違いなのである。それは三倍暦が使用されたかどうかをも左右する違いになってくるのである。

『日本書紀』、『三国史記』、金石文などは、どんな暦法による暦日が使われ、その結果、西暦では何年になるのか。古代史解明に暦法が重要な役割を担っていることがわかる。

ところで、『日本書紀』は紀年体で編纂されているが、その原形はどのような年代順になっているのか。『日本書紀』の編纂手順を解明することで、その原形を復元できるのではないだろうか。

その編纂手順の解明を左右しているのは、古代暦の暦日であろう。儀鳳暦、元嘉暦、儀鳳暦の順序に、原史料の暦日をどのような順に編纂すべきだったのか、現編纂に至るその過程を解明できれば、本来の歴史の年月日まで現出してくるはずである（図18）。

その原因がわかれば、『日本書紀』の文献の歴史的価値は飛躍的に高まるものと信じている。

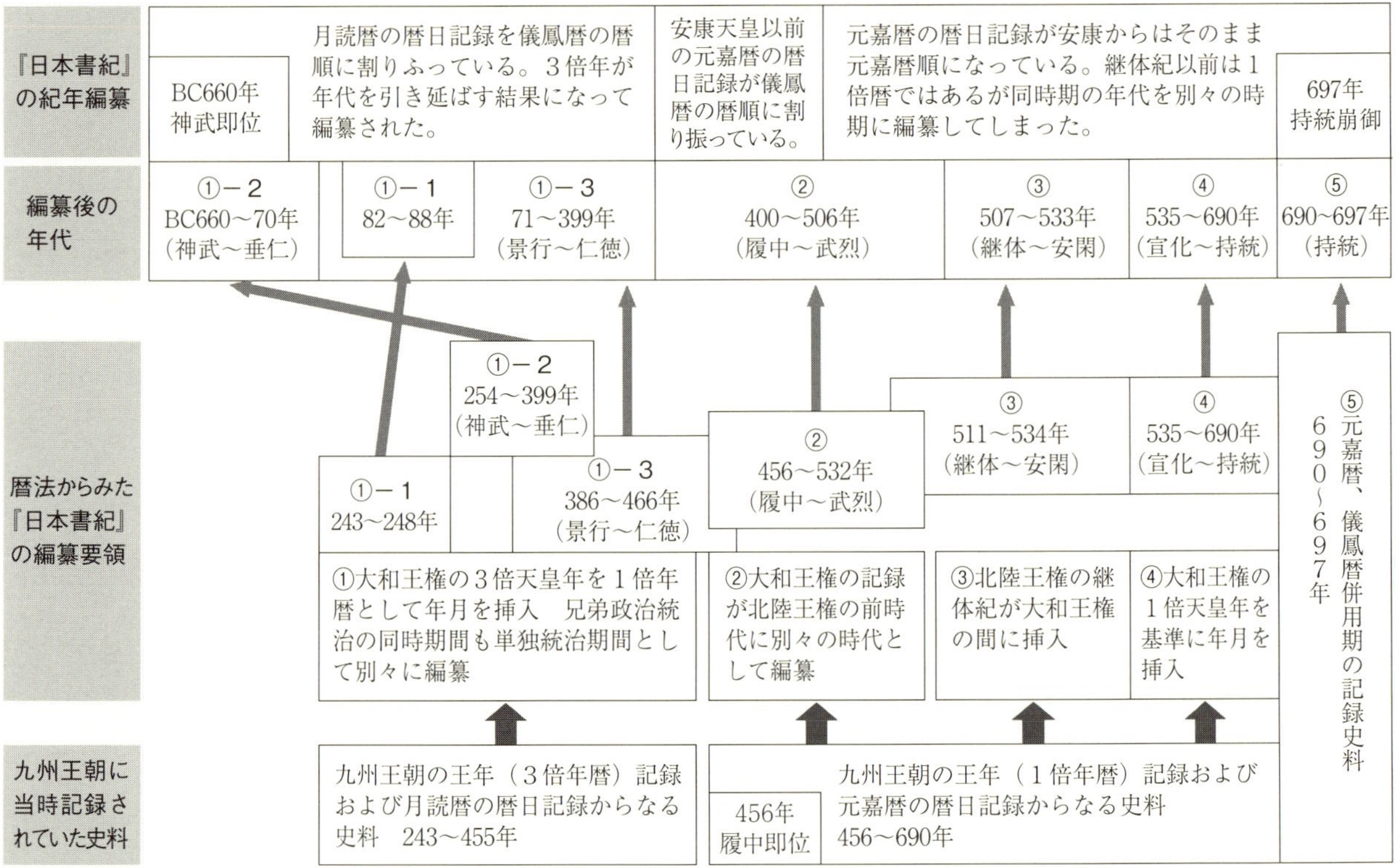

注1）北陸王権（継体紀）の記録と大和王権（武烈紀以前）の記録が並列に進行していたのを『日本書紀』では直列的に年代を並べたため，武烈紀以前の記録が古い時代にずれてしまっている。

注2）①は3倍年暦であったため3倍近くに引き延ばされて編纂されていると同時に，最初のころの記録①－1が①－2のあとの時代に組み込まれている。

図18　『日本書紀』の編纂前の原史料と編纂後の史料の対比

13

万世一系二六〇〇年の皇統と一七五〇年の天皇（大和国皇統）

初代天皇である神武の皇統をさらに三代溯ると、天津彦彦火瓊瓊杵尊《あまつひこひこほのににぎのみこと》に至る。さらにその皇統を溯れば天照大神《あまてらすおおみかみ》の子である正哉吾勝勝速日天忍穂耳尊《まさかあかつかちはやひあめのおしほみみのみこと》に至る。

ここでいう天照大神とは、伊弉諾尊《いざなぎのみこと》を指していると考えられる。この伊弉諾尊とは、奴国を基盤としてきた葦原中津国の一〇代目国王である。この政権の末期に倭国大乱があり、そのときの王位在位期間は七〇年もの長期にわたっていた。その大乱で政権基盤となっていた奴国の分裂をまねき、国の崩壊にまで至った。しかし、まもなく伊弉諾尊は邪馬台国を基盤とする政権を新たに構築することができた。

つまり、天照大神とは、当初新たに邪馬台国を構築した国王のことを指していたのであろう。ところが、この天照大神が亡くなって、卑弥呼《ひみこ》が倭国王に共立されて以降も天照大神が記述されれていることから、この後の天照大神とは倭国王のことを指すようになったと考えられる。

それでは、正哉吾勝勝速日天忍穂耳尊の親である天照大神とは、誰にあたるのか。神話の天岩《あまのいわ》窟《や》に幽った天照大神と、倭国王として共立されて天岩窟から引き出された天照大神とは全くの別人であることから、前者は伊弉諾尊であり、後者は卑弥呼であると言える。

したがって、天皇の側から皇統を溯る際は、初代天照大神である伊弉諾尊を起点とすることになる。その起点から伊弉諾尊を含めてさらに七代溯ると、国常立尊《くにのとこたちのみこと》に至る。

ここで、国常立尊の皇祖のことを天之御中主神《あめのみなかぬしのかみ》と呼称しているが、この神は一人の神を指しているのではなく、それまでかなりの期間、葦原中津国を代々統治してきた神々（代々の王）のことを総称していると考えられる。

そのため、今上天皇から葦原中津国の古代国家が始まったころの天之御中主神の最初の王まで溯れば、万世一系二六〇〇年の歴史さえ、浮かび上がってくる可能性が十分にある。

しかしながら、西暦紀元前の歴史については、中国の歴史書に頼るほかすべがないので、推測の域を超えることができない。その反面、西暦紀元後どのように歴史が展開してきたのかは、関係する内外の歴史書も多いので、かなり詳しい見方ができるのではないだろうか。

そのようなことから、ここでは一世紀以降、すなわち、神話以降のことについて、重きをおきつつ、『日本書紀』が主張していることに基づき、私なりの解釈を加えて記述する。

紀元前六世紀ころから五、六百年続いてきた「君主国」の古代国家が混乱し、一世紀初めに混沌とした中から国常立尊が葦原中津国として古代国家を再興することとなった。ここで、初代国常立尊から九代伊弉諾尊までを便宜的に「奴国皇統」と呼称する。また、それ以前に続いていた皇統を「君主国皇統」と呼称する（本書一三四ページ、図19参照）。

そのとき、天之御中主神の君主国皇統からの上位皇位継承者が国常立尊であり、まず、奴国を基盤に統治した。同じ皇統の国常立尊に次ぐ第二皇位後継者が中央政権から伊都国の統治を命ぜられ、第三皇位後継者が同じく出雲の統治を命ぜられることになった。

この統治構造はそれぞれの分治基盤をもちつつ、中央政権が九州・山陽・四国を主に統治し、また伊都国が朝鮮半島南部を統治し、出雲が山陰・北陸を統治することで、葦原中津国の安定した政治が長らく行われてきた。

それが伊弉諾尊の代、伊弉冉尊の死をきっかけに、葦原中津国は天之御中主神（天御中主尊）の中央勢力、高御産巣日神《たかみむすびのかみ》（高皇産霊尊《たかみむすびのみこと》）の伊都国勢力、神産巣日神《かみむすびのかみ》（神皇産霊尊《かみむすびのみこと》）の出雲勢力の分立が表面化してきたため、葦原中津国の政権の再編の必要性が大きくなった。

ところで、伊弉諾尊の同時代の人物に高皇産霊尊、神皇産霊尊がいるが、天之御中主神（天御中主尊）は前時代の神々の総称なので、『日本書紀』で伊弉諾尊の時代に歴史的人物として活躍する場面がないのは、当然のことであると思う。

また、天之御中主神（天御中主尊）が、国常立尊以前の神々であったからこそ、何らかの言い伝えがあって、『日本書紀』では一書として別伝を記することになったのであろう。

また君主国皇統に関して、『魏志』倭人伝では「古《いにしえ》より以来、その使中国に詣《いた》るや、皆自ら大夫と称す」とあるが、この大夫は夏、殷、周で使われた卿、大夫、士などの官名の一つである。

また、『論衡《ろんこう》』（後漢時代、王充《おうじゅう》が著した思想書）に「周の時、天下太平、越裳白雉《えっしょうはくち》を献じ、倭人鬯艸《ちょうそう》を貢す」とある。日本の古代国家が周に対して使を派遣したときも、自ら大夫と称したとある。そのときの王は、伝統的に皇統を継承している天之御中主神（神々）であったことを意味している。

因みに、越裳とは中国南部もしくはベトナム付近の民であり、倭人とは朝鮮半島、西日本地域に住む民のことである。

今では朝鮮半島は韓族に占拠されているが、朝鮮・濊狛族の流入前は倭人が住むところであって、その倭人の特産物が人参であった。人参も今では高麗人参、朝鮮人参と呼ばれるようになっている。

そもそも、周の成王の時代が、日本と中国との古代国家間の交流の始まりであろう。中国暦での年代特定が正しければ、その成王の年代は紀元前一千年ごろとなる。それに合わせれば日本の皇統も三千年となるが、中国暦の正誤をもっと検証すれば成王の時代は紀元前六六〇年ごろのことになるのではないかと思っている。

したがって、日本の古代国家解明のかぎ（片鱗《へんりん》）は中国の歴史書の中に眠っていると考えられるのである。

天之御中主神（神々）時代の古代国家の歴史は、日本には歴史書は残らなかったが、その皇統継承の伝統は断絶せず今に続いている。

さて、邪馬台国の皇統に関しては、二代目天照大神である卑弥呼が起点となるものの、実質的には月読尊の子孫が邪馬台国の皇統を継いでいる。卑弥呼の統治していた倭国の構成国は三十余国あった。卑弥呼によって、その構成国の一つである奴国の王に命ぜられたのが伊弉諾尊の皇孫であり、また卑弥呼の甥にあたるのが、この天津彦彦火瓊瓊杵尊である。この皇統は時代を経て大和国皇統につながっていくことになる。

この幼年の天津彦彦火瓊瓊杵尊は、倭国王の卑弥呼から一八六年五月に奴国の統治を命ぜられた。このできごとは、天孫降臨《てんそんこうりん》と呼ばれている。

この尊の子には、火闌降命《ほのすそりのみこと》（海幸）、彦火火出見尊《ひこほほでみのみこと》（山幸）、火明命《ほあかりのみこと》の三柱がいる。火闌降命は海幸とも呼ばれ、不弥国王に任命され、その子孫はまもなく投馬国（宮崎・鹿児島両県域）のうち鹿児島県域へ国替えとなった。隼人《はやと》の始祖となっている。

また、火明命は後世に尾張連《おわりのむらじ》たちの始祖となっている。その後、奴国は彦火火出見尊（山幸）

が二代目国王となって統治した。

彦火火出見尊（山幸）の子は、彦波瀲武鸕鶿草葺不合尊《ひこなぎさたけうがやふきあえずのみこと》であり、三代目奴国王になったのか不明。三代目には、直接その子神日本磐余彦火火出見尊《かむやまといわれびこほほでみのみこと》が即位したとも考えられる。

この彦波瀲武鸕鶿草葺不合尊には、彦五瀬命《ひこいつせのみこと》（投馬国の宮崎県域へ国替えとなった直後、東征）、稲飯命《いなひのみこと》、三毛入野命《みけいりののみこと》、神日本磐余彦尊《かむやまといわれひこのみこと》（岡水門《おかのみなと》から東征）の四柱が生まれている。

神日本磐余彦尊までの皇統の基礎は、卑弥呼の時代に、奴国統治を三代にわたって命ぜられたことで、確固としたものが築かれたと考えられる。

この間、奴国分裂後の宗像《むなかた》・福津地域は不弥国となって、田心姫《たごりひめ》、湍津姫《たぎつひめ》、市杵島姫《いちきしまひめ》の三女神は神皇産霊尊の勢力圏に入った。正哉吾勝勝速日天忍穂耳尊、天穂日命《あまのほひのみこと》、天津彦根命《あまつひこねのみこと》、活津彦根命《いくつひこねのみこと》、熊野櫲樟日命《くまのくすひのみこと》の五男神が八坂瓊《やさかに》の五百箇《いほつ》の御統《みすまる》（大きな玉をたくさん連ねた連珠の飾り）とともに伊弉諾尊の勢力圏に入った。

これら神々は奴国の皇族であったが、前奴国政権が崩壊したときに、勢力は三分されてしまったのである。伊弉諾尊と伊弉冉尊の勢力が分裂したのをきっかけに、伊弉諾尊の側に高皇産霊尊が付いて、伊弉冉尊の勢力は神皇産霊尊の側に付いている。奴国の伝統的祖先神である天御中主尊を祭る側もどちらかに引きずられ、あるいは自立しようとした。皇族がそれぞれの勢力に分けられることになったのである。

ところで、伊弉諾尊は、奴国を盟主とする倭国政権時代の最後の倭国王でもある。奴国政権が崩壊したときに、その皇族はどのような道を歩んでいったのであろうか。

奴国政権が崩壊したときに、伊弉諾尊は、筑後・豊国・火国などを拠り所とした。その地域と姻戚関係の深い子伊弉諾尊の子に、第二代目天照大神（卑弥呼）、月読尊がいる。彼らは伊弉諾尊の継承者となった。

一方、伊弉冉尊を実母とする素戔嗚尊は、神皇産霊尊のいる出雲に追放された。これが三貴子のたどった道である。

皇位継承第四位、第五位の皇族は三十余国の主要国の王として、赴任を命ぜられている。皇位継承第四位の正哉吾勝勝速日天忍穂耳尊は、伊弉諾尊と分裂前の奴国皇族の女性（側室）との実子であろう。皇位継承第五位の天穂日命などは、伊弉諾尊の子、もしくは面土尊の孫であろう。その皇位継承順位の高い皇族は、葦原中津国の重要国である奴国、狗奴国を統治させるために、彦（王）などの官位を付与され、地方の国王に任命されていた可能性が高い。

卑弥呼、月読尊が邪馬台国の皇統を継いだ。一時、大国主尊が皇位を継いだものの、国中が安定せず、壱与（月読尊の孫）が国王となった。推測ではあるが、月読尊の子は邪馬台国の王となって、倭国王の壱与を補佐しているのではないだろうか。

その壱与は、二五四年、神武らに狗奴国に対する東征を命じた。

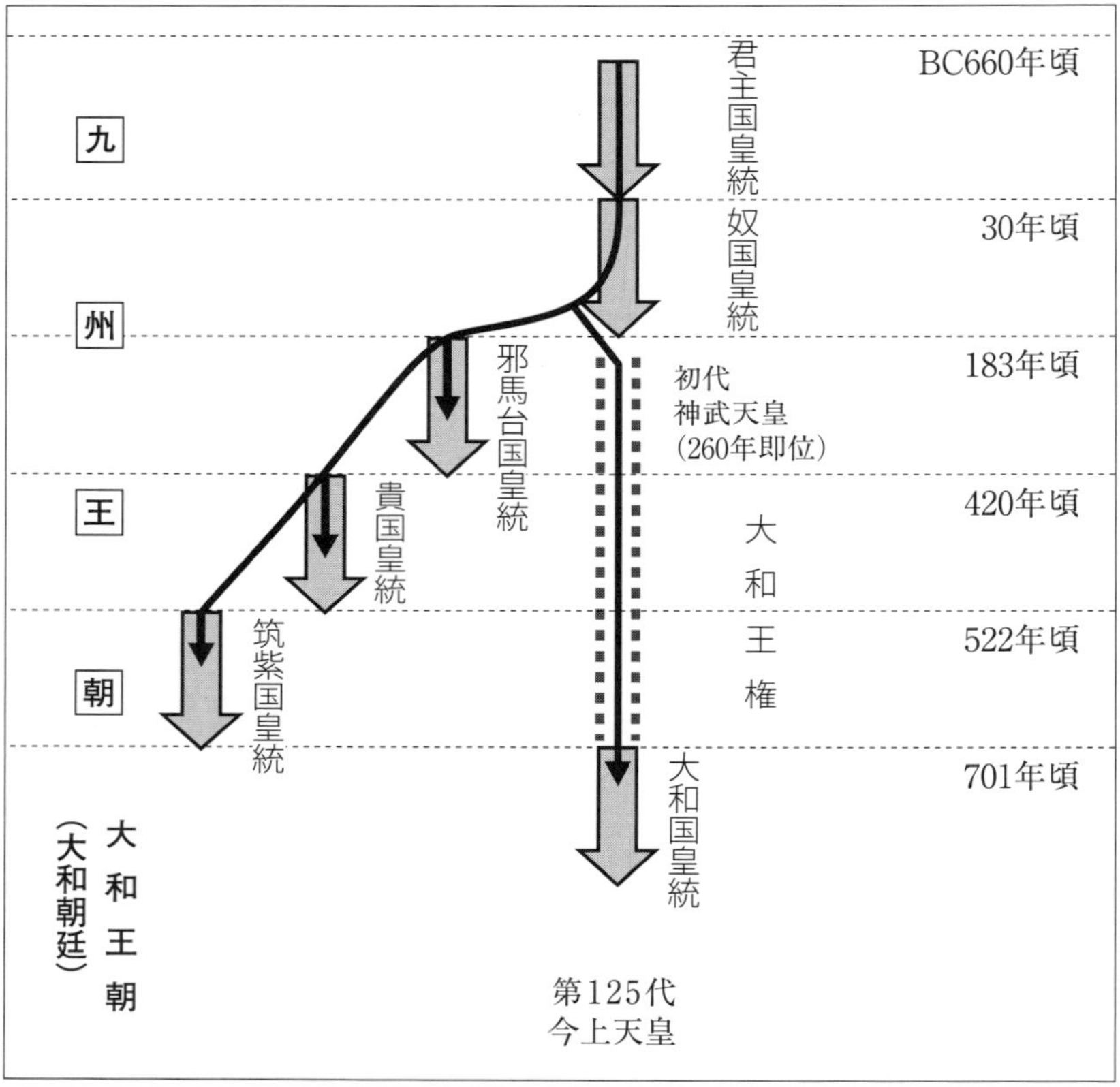

図19　皇統の系図

その結果、神武天皇以降、その皇統を継ぐ者が大和地方を統治することとなった。その後も、葦原中国の中央政権は九州の邪馬台国に所在した。

九州王朝の皇統は、奴国皇統以後、月読尊の皇統が受け継ぎ、順次、邪馬台国皇統の王、貴国皇統の王、筑紫国皇統の王が政権を担っていったと考えられる。

歴史書はよく、「勝者の正当性が語られる」との意味のことが言われる。『日本書紀』が何を中心にその正当性を語っているのか、もう一度振り返る必要がある。『日本書紀』では、「文武天皇に引き継がれた皇統の正当性」がその中心テーマで語られている。

文武天皇に至るまでの皇統が勝ったのは、最終的に九州の筑紫国皇統に対してである。大和朝廷が主導して遣唐使を送ったときの主張もその大和国皇統の正当性を主張するため、天御中主神以降の皇統を一つ一つ列挙している。

大和王権が実質的に全国的な権力を掌握したのは、直接的には白村江の戦い以降である。この戦いで九州勢力が壊滅的な打撃を被り、立ち上がれなかったからである。

それ以後、大和勢力は唐からの防御を名目に、防人《さきもり》など東国からの兵を西方に派遣して、九州占領を目指した。七〇〇年、筑紫皇統の最後の王であった薩耶麻《さちやま》が崩御して、七〇一年文武天皇による大和朝廷が成立した。

その天皇の呼称は、文武天皇から始まることにはならなかった。結果は四一代皇統を溯って、神武が東征して大和国（狗奴国）を服した時代から始まっている。『日本書紀』によって、神武天皇を初代として「筑紫国皇統」に対して「大和国皇統」の正当性を主張しているのである。

元嘉暦《げんかれき》、月読暦《つきよみれき》などの古代に使用された暦法やその記述されているできごとを丹念にたどっていくと、神武天皇の即位は二六〇年になる。現行の『日本書紀』通りの編纂では、神武天皇の即位は紀元前六六〇年二月一一日となってしまうが、月読暦ではそれをユリウス暦の年月日で二六〇年一一月二〇日となる。初代天皇から第一二五代今上天皇の二〇一〇年まで、その皇統は一七五〇年の歴史を刻むことになったのである。

年　表

東アジアの古代年表

年代	中国大陸・朝鮮半島北部	日本列島および朝鮮半島中南部
前六六〇年頃		はじめての統一国家成立（夏・殷のあと）
前二〇二年頃	前漢の成立	君主国（倭）の存続、百余国に分かれている
前一九五年頃	燕王、匈奴に亡命	
前一四一年	漢の武帝、即位	
前一二八年	蒼海郡（遼寧省東部）を置く計画	
前一二六年	蒼海郡を置く計画の中止	
前一〇八年	楽浪・真番・臨屯郡（すべて遼寧省内）を置く	
前一〇七年	玄菟郡（吉林省内）を置く	
前八二年	真番郡を廃止	
後八年	王莽が新朝を建てる	
	高句麗・夫余（吉林省内）外臣の印綬を受く	
二五年	後漢の成立	この頃、国常立尊による葦原中国（倭国）成立
五〇年	この頃、朝鮮半島西北部に楽浪郡屯有県を置く	

五七年	光武帝の死	金印を受領
八四年	元和暦（四分暦）使用	
一〇七年	西域が漢にそむく	面土尊、帥升ら一六〇人を後漢に派遣
一七八年		後漢の光和年間（一七八〜一八三年）に伊弉諾尊の長期政権が崩壊（倭国大乱）
一八三年		卑弥呼を倭国王に共立
二二〇年	文帝が魏朝を建てる	月読暦（四分暦の改良、太陰太陽暦）の使用
二二三年	呉、乾象暦《かんしょうれき》施行	
二三七年	魏、公孫淵を伐つ	
	景初暦（景初年間は一年が八カ月）に改暦	
二三八年	魏、公孫淵を滅ぼす	九月、卑弥呼、魏に使いを送る
二三九年	明帝の死	
二四〇年		魏、帯方郡太守を通じて卑弥呼に遣使
二四三年		狗奴国、斯馬国連合軍が大国主尊を擁立し、西征（〜二四八年）
二四五年	魏、高句麗（吉林省内）を滅ぼす	卑弥呼、魏に遣使
二四八年		卑弥呼の死 大国主尊を国王に立てたが治まらず、壱与を倭王とす

三韓成立以後のできごと

年代	中国大陸	朝鮮半島	日本列島
二五四年			壱与が五瀬命、神武天皇らに東征を命じ、東征の途に上る
二五八年			皇軍、河内国白肩之津に到着、狗奴国と交戦
二六〇年			神武天皇即位（大和国領有）
二六六年			壱与、西晋に朝貢
二七九年			神武天皇崩御
二八〇年	晋の武帝、中国統一		
二八四年		新羅建国	
二九一年	高句麗建国		
二九七年		百済建国	
三〇〇年	八王の乱		
三一一年			倭迹迹姫命《やまとととひめのみこと》を箸墓に葬る（箸墓古墳）
三一九年	慕容廆、遼東郡を取る		
三三二年		大駕洛国建国	
三五六年		百済、肖古王即位	
三五八年			崇神天皇即位（近畿地方領有）
三七二年		肖古王薨去	

三八五年		大駕洛国が任那（全羅道）と加羅（慶尚道）に分裂	崇神天皇崩御
三九一年			景行天皇即位
四一四年		百済近肖古王即位	
四一五年			景行天皇崩御
四一九年		百済七支刀製造	
四二〇年			邪馬台国皇統消滅 貴国皇統の成立
四二四年		近肖古王薨去	
四二五年			応神天皇即位
四二九年	広開土王即位	倭軍、半島に大軍渡海	
四三六年	広開土王薨去		
四四〇年		高句麗王都、平壌遷都	
四四九年			応神天皇崩御
四五六年			元嘉暦（正歳、一年一二カ月、一九年七閏）を使用
四七四年	広開土王碑文建立		
四七五年		高句麗軍三万が漢城を	

四八五年	陥落	安康天皇即位
四八七年		安康天皇崩御、雄略天皇即位
五〇一年	百済、武寧王即位	
五一〇年		雄略天皇崩御
五二二年		筑紫国皇統の成立（年号の制定）
五二七年		磐井の乱
五三一年		天皇、太子、皇子がそろって亡くなる 筑紫国皇統を葛子が再興
五三二年	大駕洛国（加羅の一部）滅亡	武烈天皇崩御、継体天皇即位
五三四年	新羅が慶州に遷都 任那日本府成立	継体天皇崩御、安閑天皇即位
五三五年		一二月以降、暦法順と実暦日順の編纂が一致（元嘉暦）
五四〇年		安閑天皇崩御、宣化天皇即位 この頃、葛子、太宰府に倭国の王都を建設
五六二年	任那日本府滅亡	

五八一年	隋、中国を統一		
六一〇年			この頃、多利思比孤、肥後地区に倭国の王都を遷都
六四五年			大和王権、九州王朝に対抗して大化の改新
六六一年		白村江の戦い	倭国主力（九州勢力）、白村江の戦いに敗れる 大和の軍勢力（防人）、九州に進駐
六六八年		高句麗滅亡	
六六九年			栗前王を戴き、九州から近江京に第一次東遷
六七二年			栗前王を降格し太宰府へ、壬申の乱
七〇〇年			九州王朝（筑紫国皇統）の最後の王、薩野摩（薩耶馬）崩御
七〇一年			新益京（藤原京）に第二次東遷 大和朝廷成立
七二〇年			隼人の鎮圧 『日本書紀』の完成

中村隆之（なかむら・たかゆき）
1956年，鹿児島県に生まれる。
防衛大学校卒業。
2010年度，陸上自衛隊を退官。
【著書】『仮説 古代史解明——君主国・
倭国・日本国』（文芸社，2006年）

邪《や》馬《ま》台国《たいこく》は九州《きゅうしゅう》にあった
一《い》支《き》国《こく》放射《ほうしゃ》状《じょう》方式《ほうしき》による解読法《かいどくほう》

■

2010年 5 月13日　第 1 刷発行

■

著者　中村隆之

発行者　西　俊明

発行所　有限会社海鳥社

〒810-0072 福岡市中央区長浜 3 丁目 1 番16号

電話092(771)0132　FAX092(771)2546

http://www.kaichosha-f.co.jp

印刷・製本　有限会社九州コンピュータ印刷

ISBN978-4-87415-776-3

［定価は表紙カバーに表示］